Eduard Koschwitz

Über das Alter und die Herkunft der Chanson du Voyage de Charlemagne a Jerusalem et a Constantinople

Eduard Koschwitz

Über das Alter und die Herkunft der Chanson du Voyage de Charlemagne a Jerusalem et a Constantinople

ISBN/EAN: 9783743429635

Hergestellt in Europa, USA, Kanada, Australien, Japan

Cover: Foto ©ninafisch / pixelio.de

Manufactured and distributed by brebook publishing software (www.brebook.com)

Eduard Koschwitz

Über das Alter und die Herkunft der Chanson du Voyage de Charlemagne a Jerusalem et a Constantinople

INHALT DES I. BANDES.

HEFT I.
Zu italienischen Dichtern.

	Seite
Zu Michelagnolo Buonarroti's Gedichten. Von Karl Witte	1
Die Vaticanische Liederhandschrift 3793. Von Justus Grion	61
Chiaro Davanzati. Von Karl Witte	114
Der Sonnengesang von Francesco d'Assisi. Von Ed. Böhmer	118
Jacopone da Todi. Von demselben	123
Gottes Frieden, nach Savonarola. Von Karl Witte	162

HEFT II.
Quaestiones grammaticae et etymologicae.

Un vocabulaire hébraico-français, publié par Adolphe Neubauer	163
De vocabulis Franco-gallicis Judaice transscriptis disseruit Ed. Boehmer	197
De lingua Hispano Romanica glossario Arabico et Latino illustranda Ed. Boehmeri adnotatio	221
De colorum nominibus equinorum Ed. Boehmeri collectanea	231
De sonis grammaticis accuratius distinguendis et notandis scripsit Ed. Boehmer	295
Beiblatt. Von demselben	302

HEFT III.
Romanische Texte: Engadinisch, Greierzisch, Altfranzösisch.

Chanzuns popularas d'Engadina. Herausg. von Alfons von Flugi	309
Der Ladinische Tobia. Herausg. von demselben	336
Le ranz des vaches de la Gruyère et la chanson de Jean de la Bolliéta. Avec glossaire. Par Jules Cornu	358
Altfranzösische Lobensregeln. Herausg. von Hermann Suchier	373
Bruchstück aus Girbert de Metz. Herausg. von demselben	376
Die Chansondegeste-Handschriften der Oxforder Bibliotheken. Von Edm. Stengel	380
Le pelerinage Renart. Herausg. von Ernst Martin	409
Beiblatt. Von Ed. Böhmer	438

HEFT IV.

Anfang der Chanson de Girbert de Metz. Herausg. von Edm. Stengel	441

HEFT V.
Altfranzösisch. Italienische Volkslieder.

Brandans Seefahrt. Anglonormannischer Text. Herausg. von Herm. Suchier	553
Le siége de Castres. Bruchstück. Herausg. von demselben	589
Neapolitanische Volkslieder des 16 Jahrhunderts. Herausg. von Alfons von Flugi	594
A, E, I im Oxforder Roland. Von Ed. Böhmer	599
Anmerkung über die angenommene Abhängigkeit des Böhmerschen Rolandtextes von dem Hofmannschen und den Gautierschen. Von demselben	621
Beiblatt. Von demselben	622

LIBRARY OF THE
LELAND STANFORD JR. UNIVERSITY.

Ueber das Alter und die Herkunft

der

Chanson du Voyage de Charlemagne
à Jérusalem et à Constantinople.

Von Herrn Professor Gröber ermuthigt, habe ich es in Folgendem unternommen, so weit als möglich das Alter und die Herkunft der Chanson du Voyage de Charlemagne à Jérusalem et à Constantinople festzustellen, eines Gedichtes, welches durch sein alterthümliches Aussehen, sowie durch seinen sonderbaren Inhalt schon oft die Aufmerkkeit der Gelehrten auf sich gezogen hat, noch nie aber zum Gegenstand einer eingehenden Untersuchung gemacht worden ist.

Bei dem Unternehmen dieser Arbeit stellte sich jedoch noch eine zweite Aufgabe heraus. Genöthigt, auch den Text der altnordischen Karlamagnus Saga zu berücksichtigen, sah ich bald, dass eine genaue kritische Untersuchung auch über das Verhältniss der Handschriften dieser Saga, sowie über das der von ihr abhängigen altnordischen, schwedischen und dänischen Fassungen noch nicht geführt worden war. Von dem Zweige der Karlamagnus Saga ausgehend, der mich hier allein interessiren konnte, habe ich daher versucht, auch diese Lücke auszufüllen. Der Umstand, dass das Verhältniss der Handschriften der Karlamagnus Saga, welches ich für den einen Zweig derselben festzustellen suchte, auch für die übrigen gelten muſs, so wie vor Allem, dass auch die nordischen Gestaltungen des wichtigsten aller altfranzösischen Epen, der Chanson de Roland, sich in analoger Lage befinden, wie die der Chanson du Voyage de Charlemagne, berechtigt mich zu der Hoffnung, dass auch dieser Theil meiner Untersuchung nicht ohne Interesse sein werde.

I. Manuscripte und Versionen.
A. Französische Manuscripte.

Wie populär auch die Chanson du Voyage de Charlemagne im Mittelalter gewesen zu sein scheint, so besitzen wir doch nur ein einziges Manuscript, welches uns dieselbe in ihrer poetischen Form erhalten hat. Dieses Manuscript befindet sich im britischen Museum zu London (Kings library 16. E. VIII). Dasselbe ist von Francisque Michel in seiner editio princeps unseres Gedichtes genügend beschrieben (Charlemagne, an anglo-norman poem of the twelfth century, now first published etc. by Francisque Michel. London 1836. p. XXIII ff.). Ebendaselbst befindet sich auch eine Liste sämmtlicher in der Handschrift enthaltenen Stücke. Das Datum des Manuscripts steht nicht genau fest. David Casley weist es dem 14. Jahrhundert zu (Catalogue of the King's library etc. London 1834), Fr. Michel versetzt die Zeit seiner Anfertigung in das 13. Jahrhundert. Die Schrift des Manuscripts, so wie die Orthographie des Schreibers rechtfertigen die letztere Annahme.

Ausser dem Abdruck Michels besitze ich durch die gütige Vermittlung der Herren Prof. Gröber und Suchier noch eine Collation unseres Gedichtns, ausgeführt von Herrn Dr. Wülker. Wie derselbe mittheilt, ist die Handschrift der Chanson du Voyage de Ch., von fester, regelmässiger Hand geschrieben, und nicht so zitternd und unregelmässig, wie das Facsimile in Michel's Ausgabe sie wiedergiebt. Der Schreiber derselben war offenbar ein Engländer; darauf weisen die Schrift und öfters gesetzte speciell angelsächsische Laute, wie w und æ. Die Aenderungen von Michel in seiner Ausgabe erstrecken sich hauptsächlich darauf, dass er zusammengehörige Silben vereint, andere, die zusammengeschrieben sind und nicht zusammengehören, trennt. Die gewöhnlichen Abkürzungen sind aufgelöst. Endlich hat Michel die u der Handschrift, wenn sie gleich v stehen, durch v, ebenso die i, welche gleich j sind, mit j gegeben.

Der Text unseres Gedichtes zeugt von sehr grosser Nachlässigkeit auf Seiten des Schreibers. Man bemerkt in ihm ein fortwährendes Schwanken zwischen der Orthographie des vorliegenden Originals und der des Schreibers. Ausserdem begegnet man häufig Entstellungen und offenbaren Missverständnissen. Der Schreiber hatte durchaus keinen Sinn für das rhythmische System, in dem das Gedicht ursprünglich geschrieben war, und nahm daher nicht die geringste Rücksicht auf die Reinheit und Richtigkeit des Versbaues. Dass er ein Engländer gewesen sein muss, geht nicht nur aus der Orthographie des Textes, sondern auch aus dem Vorkommen von Formen, die nur in anglo-normannischen Denkmälern gefunden werden, unstreitig hervor. Trotz des schlechten Zustandes in dem sich das Manuscript befindet, bleibt es dennoch von dem höchsten Werthe, da es das einzige ist, welches das Gedicht in seiner ursprünglichen, poetischen Form bewahrt hat. Ich bezeichne es mit dem Buchstaben C.

2) Ausser dem Charlemagne besitzen wir nur noch zwei ziemlich späte Prosafassungen unseres Gedichtes. Die bekannteste von ihnen ist die, welche sich in dem Galien Rhétoré befindet, einem Romane des 15. Jahrhunderts, der eigentlich nur eine Fortsetzung unseres Gedichtes ist, dessen erster Theil aber im Wesentlichen die Erzählung des Charlemagne wiedergiebt.[1]) Die Ausgabe dieses Romanes, die ich zu dieser Arbeit benutzte, ist vom Jahre 1527. Ihr vollständiger Titel ist: Galien Rhetore noble et puissant chevalier fils au comte Olivier de Vienne contenant plusieurs nobles victoires tant en Espagne que en Grece. Nouvellement imprime a Paris. Par Jan-Bonfons, in 4⁰". Das Exemplar befindet sich auf der königlichen Hofbibliothek in München und wurde mir durch das freundliche Entgegenkommen des Directors derselben, Herrn Professor von Halm zur Benutzung überlassen. So weit ich aus dem Inhaltsverzeichniss der ersten Ausgabe dieses Romanes schliessen kann, welches sich bei Michel auf Seite XL abgedruckt findet, stimmt unsere Ausgabe wörtlich mit derselben überein. Die Erzählung des Charlemagne ist hier in ihren Hauptzügen ziemlich treu wiedergegeben, an einigen Stellen entspricht unser Roman dem Gedichte so genau, dass er für die Kritik von hohem Werthe ist. Indessen zeigt er auch zahlreiche Abweichungen und Zusätze. Die Namen der französischen Pairs sind in ihm nicht mehr dieselben wie im Charlemagne. Es sind die folgenden: Roland, Olivier, Bertrand, Aimeri, Ganelon, Naimes, Turpin, Bernard von Montdidier, Ogier, Bérenger, Richard von der Normandie und Guérin. Ebenso sind hier die Reliquien, die Karl der Grosse von dem Patriarchen von Jerusalem erhält, nicht mehr ganz dieselben. Das Hemde der heiligen Jungfrau Maria in C ist hier das Hemde, womit Christus bekleidet war, als er ein kleines Kind war („que nostre Seigneur Jesu christ vestoit quant il estoit petit enfant" cap. III); die kostbare Schale, die in C erwähnt wird, ist hier die Schale, „ou estoit le poisson quand il reput cinq mille homme de cinq pains dorge et deux poissons" (cap. III.) Ausserdem treffen wir hier zwei Reliquien an, von denen der Charlemagne nichts erwähnt: den Gürtel der ruhmreichen Jungfrau Maria (la ceinture de la glorieuse

---

[1]) Léon Gautier im 2. Bande seiner Épopées françaises p 278 ff. giebt eine genaue Beschreibung dieses Romanes.

vierge Marie" cap. III) und einen ihrer Schuhe (un des souliers de nostre dame, ibid). Mehrere Reliquien, wie das Blut des heiligen Stephan, das Schweisstuch Christi, die heilige Krone und die Haare des heiligen Petrus werden hier nicht mit aufgezählt. Der Galien enthält ferner einige Episoden, von denen man im Charlemagne noch nichts vorfindet. So verneigt sich nach der Erzählung dieses Romanes der Sessel Christi in der Kirche von Jerusalem vor Karl bei seinem Eintritt in dieselbe; die Kirche selbst steht in Flammen und ist mit himmlischem Glanze umgeben. Auf seiner Weiterreise von Jerusalem nach Constantinopel muss Karl mit seinen Pairs einen so grossen Wald durchziehen, dass er erst nach zwei Tagen wieder aus ihm herauskommt. In demselben aber befindet sich Bremont mit sechs Tausend Sarazenen, welcher die Gelegenheit benützen will, Karl, der nur von seinen zwölf Pairs begleitet ist, für immer unschädlich zu machen. Der Kaiser, seine Feinde bemerkend, berathschlagt mit seinen Begleitern, was in dieser misslichen Lage zu thun sei. Naimes räth zum Gebet seine Zuflucht zu nehmen, Roland und Olivier verschmähen indess diesen Ausweg und eilen den Türken zum Kampfe entgegen. Richard von der Normandie schliesst sich ihnen an. Karl dagegen und Naimes fallen auf ihre Kniee nieder, breiten die heiligen Reliquien vor sich aus, und flehen Gott um Beistand gegen ihre Angreifer. Ihr Gebet wird erhört, und die Heiden werden sämmtlich in Steine verwandelt, gerade in dem Augenblicke, wo sie auf Roland und seine beiden Kampfgenossen einhauen wollen. Nachdem Karl so glücklich dieser Gefahr entronnen, setzt er seinen Zug ungestört fort, bis er gegen Abend einen Pavillon von ungeheurer Ausdehnung und aussergewöhnlicher Pracht bemerkt. Es war dies der Schweinstall des Königs Hugo. Der Kaiser wird mit seinen Gefährten von den Schweinhirten auf das glänzendste bewirthet, Am folgenden Tage treffen sie auf ihrer Weiterreise einen nicht weniger ausgedehnten und auch nicht minder prachtvollen Pavillon an, den Kuhstall des Königs von Constantinopel. Am dritten Tage nehmen sie ihr Nachtquartier in einem gleich stattlichen Pavillon, dem Schafstalle desselben Königs. Endlich, zurechtgewiesen von einem Boten Hugo's, erreichen sie dessen Palast. Hugo empfängt sie mit der grössten Gastfreundschaft. Gleich bei ihrer Ankunft stellt er ihnen seine drei Kinder, Jacqueline, Thibert und Henri vor. Er veranstaltet sodann ein glänzendes Abendmahl, bei welchem Olivier dermassen in Liebe zur schönen Jacqueline entbrennt, dass er darüber Essen und Trinken vergisst und sich dadurch den Neckereien seiner Gefährten aussetzt. Die hierauf erfolgende Scene der „gabs" weicht ebenfalls in vielen Beziehungen von der Schilderung in C ab. Die Aufeinanderfolge der Scherze, sowie ihre Vertheilung ist merklich verändert. Der gab des Olivier ist wesentlich umgestaltet,[1]) zu dem des Bertrand ist im Charlemagne keine analoge Erzählung vorhanden.[2]) Ganelon vertritt hier die Stelle des Aimer, Bérenger übernimmt die Rolle Turpins, jedoch nicht, ohne dass auch der Scherz des Erzbischofs bedeutend modificirt ist.[3]) Auch die Aufschneiderei des Guérin, der hier an Stelle des Bertram in C getreten zu sein scheint, weicht von der Erzählung im Charlemagne bedeutend ab.[4])

Der König Hugo, von den Prahlereien seiner Gäste durch seinen Spion, der unter grosser Besorgniss für sein eigenes Leben jedes ihrer Worte aufgezeichnet hatte, benachrichtigt, lässt auf den Rath Isamberts, eines an seinem Hof befindlichen verbannten französischen Barons, 30,000 Bürger Constantinopels bewaffnen. Karl wird indess rechtzeitig von einem Knaben aus Laon, der ebenfalls als Verbannter an Hugo's Hof lebt, gewarnt, und bereitet sich zur Gegenwehr. Es kommt zum Kampfe, und mehr als zwei Tausend Soldaten Hugo's werden getödtet oder verwundet. Hugo gerührt von den Vorstellungen eines seiner Bürger beschliesst endlich, mit Karl zu unterhandeln und begnügt sich damit, von ihm und seinen Pairs die Ausführung ihrer Prahlereien zu verlangen. Die Erzählung von der Erscheinung des Engels und der Ausführung der Scherze weicht wenig von der des Charlemagne ab. Bei der Abreise der Franzosen erfasst Jacqueline den Zelter

---

[1]) Der Galien erzählt seinen Scherz mit folgenden Worten: Et Olivier luy deist quil ne gaberoit ja mais dist: je vous jure ma foy que je diray verite et me croyez hardiment de ce que je vous diray. Par dieu dist Olivior se le roy hugues me veult livrer Jacqueline sa fille je me puis bien de ce vanter que ceste nuyt je luy feroie la sote besongne que je nose nommer quinze fois sans me reposer. Ch. III. cf. Charlem. p. 20.

[2]) Bertrand drückt sich folgendermassen aus: Demain au matin avant q̄ le jour soit leve je prendray ce Palais a tout de mes deux mains et le feray cheoir present Ogier sans faire nul mal a personne de nous: puis je sortiray le dernier sans nul mal avoir. Chap. VIII.

[3]) Folgendes sind die Worte Bérenger's: Se le roy Hugues me veuilt laisser trois Destriers des plus fors et plus puissans que il ayt en son escuyrie et quils seiēt mis lung aupres de lautre en un beau pre et que jaye troys haulbers bien doublez vestus et endossez ou aussi pesant de fer et dacier cōme pourroient bien porter quinze des meillurs chevaliers et des plus hardys de toute sa court. Jentreprens de saulter par dessus le premier et aussi le deuxiesme sans mettre le pied a lestrier ne sans aux deux chevaulx toucher des mains mais sauteray sur le derriere si asprement que dessus luy naura os q̄ ne luy face rompre et briser. Chap. VIII. cf. Charlem. p. 20. 21.

[4]) Guerin le duc dist: Je monteray demain en ce palays mabrun et prendray toutes les grosses pierres qui y sōnt et du coupel de ce palais les getteray dedans toutes les forestz denviron constantinoble par si grant force et vertu q̄l ny demourra cerf Beche ne lievre ne connin que je ne tire. Chap. VIII. cf. Charlemagne p. 25.

Oliviers am Zügel, und kündigt dem Helden an, dass sie sich Mutter fühle. Olivier verspricht ihr, so bald als möglich zurückzukehren und sie von ihrem Vater zur Ehe zu verlangen. Hierauf zieht Karl mit seinen Pairs ohne weitere Hindernisse ab und erreicht glücklich mit ihnen seine Heimath wieder. Bezeichnung der Version: G.

3) Die zweite Prosaumschrift unserer Legende existirt in einer Handschrift der Arsenalbibliothek in Paris (B. L. F. 226). Das Manuscript ist aus dem 15. Jahrhundert, der Text scheint dem 14. Jahrhundert anzugehören. Die Handschrift ist dieselbe, in der sich auch Girars de Viane und die Reine Sibile befinden. Sie trägt den Titel: Guérin de Montglane. Der Theil derselben, welcher sich auf die Reise Karls nach Jerusalem bezieht, ist abgedruckt in den Epopées françaises des L. Gautier p. 274, 275. Anm. Ich besitze ausserdem eine Abschrift des grössten Theiles dieser Version von Herrn Prof. Suchier, deren Besitz ich der gütigen Vermittlung des Herrn Prof. Gröber verdanke. Dieselbe schliesst mit der Erzählung der einzelnen Prahlereien ab. Obgleich nicht ganz vollständig, genügt sie doch in Verbindung mit einer andern Abschrift des letzten Paragraphen der Voyage à Constantinople, deren Besitz ich ebenfalls Herrn Prof. Gröber zu verdanken habe, um ihr Verhältniss zu den übrigen Versionen unseres Gedichtes festzustellen.

Was den Inhalt dieser Fassung unserer Legende anlangt, so bemerkt man beim ersten Anblick eine auffallende Aehnlichkeit zwischen ihr und dem Galien. Nur fasst sich der Autor dieser Handschrift manchmal kürzer, als der des sonst gleichlautenden Romanes. So unterdrückt derselbe mit Absicht die Beschreibung der Ställe des Königs Hugo und sucht diese Verkürzung mit folgenden Worten zu rechtfertigen: Qui vouldroit toutes leurs aventures racõpter ce seroit chose trop eñuieuse pour ce sen taist listorien de la plus grande part mesmement que celui samble fantosme ou clere menconge trop entendible car ilz trouverent porchiers, vachiers et vergiers gardans leurs bestes couchans et retrayans en tentes, en paveillons sy richement apointies et ouurez que ce pouroit sambler folle ou mēteresse." Fast alle Abweichungen die den Galien vom Texte des Charlemagne unterscheiden, finden sich auch in diesem Manuscripte wieder. Die Liste der Pairs ist in ihm gleichlautend mit der des Galien. Ebenso verhält es sich mit der Reliquienliste; nur hat hier das im Charlemagne erwähnte Messer abermals eine neue Bestimmung, es ist das, dessen sich die Jungfrau Maria beim Essen bediente ("duquel elle [la vierge Marie] se servoit en mengant"). Die in C erwähnte Schale ist hier die, worin Maria ihr Fleisch aufzubewahren pflegte ("en laquelle elle mettoit sa viande"). Auch die Prahlereien der Pairs zeigen hier einige Besonderheiten. So

tritt hier Ganelon an die Stelle, die in G von Naimes eingenommen wird;
zugleich erleidet der gab des letzteren eine bedeutende Veränderung.¹)
Auch die Prahlerei des Bertrand ist nicht mit der übereinstimmend,
die ihm im Galien zuertheilt wird.²) Endlich ist auch die Reihenfolge
der einzelnen Scherze in beiden Versionen verschieden. Die Mangel-
haftigkeit der Abschriften des Arsenalmanuscripts, in deren Besitz ich
mich befinde, gestattet mir nicht, festzustellen, ob sich in ihm auch die
Erzählung des in G auf die Grosssprechereien der Pairs erfolgenden
Kampfes wieder findet. Die Abschiedsscene zwischen Olivier und Jacqueline ist im allgemeinen identisch mit der Schilderung des Galien. Ich
bezeichne dieses Manuscript mit dem Buchstaben P.

B. Nordische Manuscripte und Versionen.

1) Ausser den beiden beschriebenen französischen Versionen unseres
Gedichtes befindet sich eine viel ältere und treuere Fassung desselben
in der altnordischen Karlamagnus Saga. Sie bildet den siebenten
Zweig dieser Compilation. Unger in seiner Ausgabe derselben giebt
eine sorgfältige Beschreibung der sie enthaltenden 4 Manuscripte, sowie
von den 3 Fragmenten des „norske Rigsarkiv", die ebenfalls einige
Bruchstücke der Karlamagnus Saga wiedergeben.³) Ich wiederhole
hier davon nur so viel, als zum Verständniss der folgenden Untersuchung unbedingt nöthig erscheint.

Alle 4 Handschriften der Karlamagnus Saga befinden sich in
der Arne-Magnusson'schen Sammlung auf der kopenhagener Universitätsbibliothek. Vor dem grossen Brande Kopenhagens existirten daselbst
sechs Handschriften von dieser Saga, vier davon wurden jedoch bei
demselben vernichtet. Ausser den beiden geretteten Manuscripten be-
sitzt man noch die Abschriften von zwei der verbrannten Manuscripte.
Die beiden geretteten Handschriften (Cod. A. M. Nr. 180c Fol. u. Nr.

---

¹) Ganelon lässt sich in unserm Manuscript in folgender Weise aus: Jay cy
ouy le filz naymon lequel se vante demain au matin dabatre XXX toises des murs
de cest palais ce nest mie chose trop forte a faire a lui qui nest cun enfant. Mais
moy qui ja sui vieulx et aagie deux telz tans comme lui et plus assez seray demain
plus matin leve que lui et auray deux fins haubers vestus et le heaulme en mon
chief. Sy sauldray pies joins deceans voire par dessus la plus haulte muraille qui
y soit et confonderay la maison de la cite si quil ny demoura riens entier que mon
corps la ou je me arestray.

²) „il se vanta adont que quant le duc Ogier auroit le piller abatu et quil
verroit fendre le palais il recueilleroit toutes les pieres lune apres lautre affin que
nul dentre eulz ne feust blecie et les jetteroit lune ca lautre la si loing que jamais
home ne les assambleroit.

³) Karlamagnus Saga ok Kappa Hans. Udgivet af Unger. Christiania
1860. p. I ff.

180 a Fol.), bei Unger A und a, repräsentiren eine ältere Redaction der Karlamagnus Saga. A stammt wahrscheinlich aus der zweiten Hälfte des 14., a aus der ersten Hälfte des folgenden Jahrhunderts. Die beiden Abschriften (Nr. 180 Fol. und Nr. 531. 4⁰), B, b bei Unger, repräsentiren eine jüngere Redaction derselben Saga und sind wahrscheinlich am Ende des 17. Jahrhunderts angefertigt worden. Die ältere Redaction gehört der ersten Hälfte des 13. Jahrhunderts, die jüngere dem Ende desselben oder dem Anfang des folgenden Jahrhunderts an. Jedes der 4 Manuscripte zeigt mehrfach Lücken. Dieselben sind bei Unger sämmtlich aufgezählt. (Karlamagnus Saga p. XXXVI, ff.); in unserm Zweige fehlen zwei Blätter von a (Karlamagnus Saga udg. af Unger p. 466₁₁—475₁₁) und das Ende der Handschrift A, welche an dieser Stelle (p. 480₉) vollständig schliesst. B und b sind in unserm Zweige ohne Lücke. Von den drei Fragmenten des nordischen Reichsarchives enthält das erste nichts von dem uns interessirenden Zweige, das zweite gehört demselben nur theilweise, das dritte dagegen vollständig an.

Der auf unser Gedicht bezügliche Theil der Karlamagnus Saga (bei Unger p. 466—483) stimmt mit demselben meist fast wörtlich überein. Nur in sehr seltenen Fällen weichen sämmtliche Handschriften gleichzeitig vom Texte des Charlemagne ab. Im allgemeinen sind die darin vorkommenden Beschreibungen abgekürzt und unnütze Wiederholungen vermieden. Die zwei wichtigsten Abweichungen, die uns in der Karlamagnus Saga begegnen, sind die folgenden: Bei der Reliquienliste wird auch ein Schuh der heiligen Jungfrau Maria mit aufgezählt in Uebereinstimmung mit G und P, doch wird hier noch hinzugefügt dass ihr die Juden denselben abzogen, als sie die Engel zum Himmel erhoben (ok skó þann er Gydingar tóku [af fœti sancte Marie B, b] þa er englar hófu hana til himins p. 469). Sodann wird auch hier der gab des Erzbischofs Turpin in C auf den Grafen Bernard übertragen. Andere weniger wichtige Abweichungen werden weiter unten erwähnt werden. — Aus praktischen Gründen behalte ich die von Unger gewählten Bezeichnungen der einzelnen Manuscripte auch hier bei.

2) Die Erzählung unseres Gedichtes ist ferner in mehreren altnordischen Rimurhandschriften reproducirt. Da Herr Dr. Kölbing, dem ich die Kenntniss dieser Bearbeitungen unseres Epos verdanke, binnen Kurzem einen längeren Aufsatz über die Rimur veröffentlichen wird, enthalte ich mich, dieselben hier genauer zu beschreiben. Die Umdichtung des Charlemagne ist in den vier Rimurhandschriften, in denen sie sich vorfindet, mit dem Namen: „Geiplur" bezeichnet, entsprechend der Ueberschrift des 7. Zweiges der Manuscripte B b in der Karlamagnus

Saga. Das Wort geiplur ist ein Deminutivum von geip, Scherz, unsinnige Rede, und drückt demnach den Character unseres Gedichtes in höchst passender Weise aus. Ich gebe hier das Verzeichniss der Rimurhandschriften, in denen diese geiplur ganz oder theilweise erhalten sind:
R₁) Cod. Guelf. Aug. perg. 42, 7. 4⁰, beschrieben in der Antiquar. Tidskr. 1849—51, p. 7 ff. Die Geiplu-rimur befinden sich daselbst Blatt 101—v. 57⁴ (R. II v. 2⁴). Dann fehlt ein Blatt. Es folgt Bl. 102—104. R. III, v. 12⁴ Schluss.
R₂) Cod. A. M. perg. 603. 4⁰. Die Geiplur stehen Bl. 15ᵃ¹/₂—16ᵇ von Anfang — R. III, 22³. Die Handschrift stammt aus dem ersten Viertel des 16. Jahrhunderts.
R₃) Cod. A. M. chart. 615 i. 4⁰. (Síra Hallgrims med hans notis ist auf dem Titelblatte bemerkt, doch beziehen sich diese Noten nicht auf die Geiplur, sondern auf ein kurzes, darauf folgendes Stück.) Vollständig. Jedenfalls die Abschrift einer Membrane, die von R₁ und R₂ unabhängig ist. Den mansöngr enthält R₃ unvollständig.
R₄. Cod. Holm. chart. 1. 4⁰ beschrieben von Arwidsson: Förteckning öfver kongl. Bibl. i. Stockholm isländska Handskrifter. Stockh. 1848. p. 113 ff. Von den Geiplur enthält diese Handschrift nur zwei einzelne Blätter, die an den Rändern mehrfach beschädigt sind. Bl. 1. R II v. 34³—III v. 11 incl. Bl. 2. R III v. 64⁴—IV v. 25². Die Lesarten dieser Handschrift weichen häufig sehr ab und sie kann nicht Abschrift der andern Membranen oder der Vorlage von R₃ sein.

Bei dieser Untersuchung benütze ich nur R₁, ergänzt durch R₂; die Abschrift verdanke ich Herrn Dr. Kölbing, der die Güte hatte, sie für mich anzufertigen.

Die Geiplur enthalten einige Episoden, die sich in keiner anderen Fassung unseres Gedichtes wiederfinden. Ich gehe auch auf diese hier nicht weiter ein, da Herr Dr. Kölbing anderwärts deren Erklärung selbst zu geben beabsichtigt. Im Allgemeinen stimmt der Text dieser Version fast durchweg mit dem von C und der Karlamagnus Saga. Nur die Reihenfolge der Prahlereien ist gänzlich verändert. Die Namen der Hauptpersonen unseres Gedichtes sind im Ganzen dieselben, doch werden in der Einleitung der Geiplur noch folgende Helden aufgezählt: Otuel, Ivorius, Ingiler, Geirard, Angilas und Ganelon (Gumilum). Bernard und Turpin vertauschen hier ihre Rolle wie überall; die Reliquien werden nicht aufgezählt. — Ich bezeichne diese Version unseres Gedichtes mit R.

3) Die Erzählung des Charlemagne ist sodann in einem færöischen Liede wiedergegeben. Es existirt von diesem wahrscheinlich nur éin Text, enthalten in Jens Chr. Svabo's: Fœroeske Kvêair eller gamle

Kjempe-sange samt Rujmur, samlede og optegnede i aarene 1781 og 1782 af Jens Chr. Svabo Th. III. 1. Kgl. Bibl. i. Kopenh. Gl. kgl. Saml. 2894. Eine Inhaltsgabe der Sammlung findet sich in Lyngbye's: Faroeske Qvæder om Sigurd Fofnersbane og hans æt. Samlede og oversatte af H. Chr. Lyngbye. Randers 1822. p. 10 ff. Ueber die far. Lieder vgl. P. C. Müllers Einleitung zu Lyngbye's Sammlung.

Diese sonderbare Umgestaltung unseres Gedichtes trägt alle für die nordische Dichtung characteristischen Züge an sich und beweist mit Evidenz, dass während des Mittelalters die Phantasie der skandinavischen Völker nicht weniger thätig war, die überkommenen französischen Stoffe umzuformen, als die der übrigen Völker Europas. Da Herr Dr. Kölbing, dem ich die Kenntniss auch dieser Version des Charlemagne verdanke, sie in dem nächsten Hefte der Germania genau zu beschreiben beabsichtigt, begnüge ich mich hier mit den gegebenen Bemerkungen. Für die Textkritik ist das Lied nur von sehr geringem Werth, da es nur wenig von dem ursprünglichen Inhalt unseres Gedichtes bewahrt hat. — Ich bezeichne es mit F.

4) Von grösserer Wichtigkeit ist der Inhalt von vier schwedischen Handschriften, die ebenfalls den Text des Charlemagne wiedergeben. Es sind die Manuscripte D4 (von 1430—50), Maretas bok (vom Jahre 1457), Elins bok (vom Jahre 1476) undder Cod. Askabyensis. Gustav Storm in seinen unlängst erschienenen Buche „Sagnkredsene om Karl den Store og Didrik af Bern hos de nordiske folk. Kristiania 1874." p. 228 ff. giebt den Text dieser Version nach dem ältesten Codex (D4), mit Ausnahme des Anfangs, den er nach dem Cod. Verel. giebt, und dessen Lücken er nach der Rietz'schen Ausgabe des Codex Askabyensis ergänzt. Diese schwedische Uebertragung des Charlemagne zusammen mit der der Chanson de Roland, welche sich in denselben Manuscripten befindet, ist der einzige Rest einer schwedischen Chronik von Karl dem Grossen. Der Verlust derselben ist um so mehr zu bedauern, als die uns von ihr erhaltenen Stücke öfters besser den französischen Texten entsprechen, als die Manuscripte der altnordischen Karlamagnus Saga. — Was unser Gedicht anlangt, so weichen die schwedischen Handschriften nur sehr wenig von dem Texte von C ab. Unter den Reliquien wird in ihnen noch die Lanze aufgezählt, mit der Jesus Christus durchbohrt wurde („spiwte thy som gudh war stungin met" Sagnkredsene p. 231). Die Namen der Pairs sind einige Male verstümmelt. Berenger heisst hier Aerner, Gérin wird Birgher genannt. Die in C vorkommenden Zahlen sind fast immer verändert, die Scene zwischen Olivier und der Tochter Hugo's hat hier viel von ihrer Obscönität verloren. Die Königstochter bittet Olivier, sie nicht die Unklugheit ihres Vaters entgelten zu lassen.

Olivier willigt hierin ein, unter der Bedingung, dass sie ihrem Vater mittheile, er habe wirklich sein Versprechen ausgeführt, und begnügt sich, ihr hundert Küsse zu geben[1]). Bevor Hugo Wilhelm und Turpin ihre Prahlereien ausführen lässt, befrägt er jedesmal erst von Neuem seinen Spion über den Inhalt ihrer Grosssprechereien. Die Beschreibung von der Heimkehr Karls und seiner Pairs ist hier weit ausgedehnter, als in C und der Karlamagnus Saga. — Ich bezeichne die Handschriften dieser schwedischen Version unseres Gedichts mit dem gemeinsamen Buchstaben S.

5) Es existirt endlich noch eine dänische Chronik von Karl dem Grossen, in welcher ebenfalls die Erzählung des Charlemagne mit aufgenommen ist. Das älteste Manuscript dieser Chronik befindet sich auf der königlichen Bibliothek in Stockholm und wurde im Jahre 1480 in dem jütischen Kloster von Börglum verfasst. Ausser dieser Handschrift existirte noch eine gedruckte Ausgabe von Ghemen, doch ist dieselbe bis auf einige in der königlichen Bibliothek zu Upsala aufbewahrte Bruchstücke verschwunden. Nach dieser Ghemen'schen Ausgabe endlich veranstaltete Pedersen im Jahre 1534 eine neue, indem er aus ersterer alle veralteten und unverständlichen Worte zu entfernen suchte, dabei aber selbst wiederholt in Irrthümer verfiel (cf. Brandt: Christian Pedersens danske skrifter. Femte Bind. Kjöbnhavn 1856. p. 528 ff.) In dem eben citirten Werke hat Brandt den verbesserten Text Pedersens veröffentlicht, nach dessen ältester Ausgabe, von der sich ein Exemplar auf der Bibliothek der schwedischen Academie in Stockholm und ein zweites auf der Upsalaer Universitätsbibliothek befindet (Brandt. l. c. p. 530. 531). Ausserdem hat Storm in seinem schon mehrfach citirten Werke den Text des jütländischen Manuscripts abgedruckt, soweit sich dasselbe auf unser Gedicht bezieht, und zugleich die Varianten der Ghemen'schen Ausgabe mit angegeben (Sagnkredsene etc. p. 228 ff.). Nach dieser Publication ist der Text Pedersens für uns ohne Interesse, da wir seine Vorlage besitzen. Die Veränderungen, die Pedersen in dem uns beschäftigenden Theile seiner „Kejser Karl Magnus Kronicke" vorgenommen hat, sind übrigens bei Storm fast sämmtlich aufgeführt (l. c. p. 163).

---

[1]) Ney sagdhe han. Aengin last skal thik her tima pa mina weyna. æn thu wilt swa sjælf. Sidhan sagdhe hon. Læt mik niwta witzsko thina och ey gælda for min fadhers fauitzsko. Tha swaradhe han. Lastlös skal thu fra mik ga æn thu wilt miin ordh fore thinom fadher sanna. Hon swaradhe oo swoor at hon skulle thet sanna at han hafdhe wæl fulkompnith sit æwintyyr. oo togh hana om sin hals oo mintis hundrada sinnom widh henna mun. oo sidhan sompnadho the badhin. Sgkr. p. 240.

Auch die Version dieser dänischen Chronik ist nicht ohne einige Besonderheiten. Der häusliche Zwist zwischen Karl und seiner Gemahlin hat hier statt, während sich beide bei Tafel befinden. (En dag som keysaren sath ower bord met synæ gode men p. 230 Sagenk.) Bei seiner Ankunft in Jerusalem kommen Karl die Bewohner dieser Stadt mit Kreuz und Fahne entgegen, um den römischen Kaiser mit gebührender Achtung zu empfangen. Der Patriarch selbst führt ihn in den Tempel und weist ihm seinen Platz auf dem Stuhle an, auf dem unser Heiland selbst am Gründonnerstage sass[1]). Die Rolle des Turpin in C ist hier auf Gerard übertragen; Turpin selbst nimmt auch hier die Stelle Bernards in C ein. Aymer heisst hier Rymer, Ernald hat seinen Namen mit Engeler vertauscht. Olivier ist hier eben so zurückhaltend, als in S, er verspricht der Tochter des Königs Hugon, sie hundert Mal zu küssen, wenn sie ihrem Vater sagen wolle, er habe seine Prahlerei in der That ausgeführt[2]). Vor der Abreise der Franzosen verlangt Karl von Hugo, er solle seine Tochter dem Olivier zur Gattin geben; der König von Constantinopel willigt ein, die Verlobung findet sofort statt und Hugo's Tochter erhält sieben mit Gold und Silber beladene Esel zur Mitgift. Gleich nach der glücklichen Heimkehr Karls und seiner Paladine findet die feierliche Vermählung statt[3]). — Ich bezeichne diese dänischen Fassungen unseres Gedichtes mit D (Ms. v. Börglum) und d (Ghemen'sche Ausg.).

Der Text der Pedersen'schen Kejser Karl Magnus Kronicke wurde sodann in das gegenwärtige Idiom der isländischen Sprache übertragen. Die königliche Bibliothek in Stockholm enthält von dieser Uebersetzung ein Manuscript aus dem 17. Jahrhundert (Alt. Saml. 1002—1003 fol.). Eine Abschrift desselben, von Jan Vigfusson im Jahre 1691 angefertigt, befindet sich in der königl. Bibliothek zu Kopenhagen (Isl. chart. 37 fol.). Dieser letzte Spössling der Saga von Karl dem Grossen kann uns hier ebensowenig interessiren, als die Nachahmungen von La Chaussée und

---

[1]) the aff staden ginge vth mod hanem met Cors oc fana oc wndfinge hanem met stor wærdughet oc alle sade her mwge wij see then romske keysere som then store manhet hauer bedreffueth. patriarchen leddhæ hanem i tæmpælin oc satthæ hanem i then stol som war herre satth i skær torsdag. (Sagnkredsene p. 230.)

[2]) Oliver sade gudh forbiwdet at jeg skulle giöre ether noger wanhedher eller noger god iomffrv. wille i sta tilli morghen ath jeg hauer fwlkommet thet som jeg hauer sagt tha will jeg kyssæ ether o. ræsser i natth. hon sagde at hon wille thet gernæ giöre. Sagnkredsene etc. p. 240.

[3]) ok will jeg attu giffuer oliver tin datter. Syden fæste oliver k s datter ok bröllebeth skulle stande i frankerige . . . . . ok kingen gaff syn datter till metgifft III asnæ klöffuede met guld oc sielff hon folde syn fæstemann p. 243 . . oc giordhæ syden Olivers bröllup. p. 244.

Marie-Joseph Chénier, welche unser Gedicht nur aus dem Galien kennend, von ihm nur die Scene der Renommistereien behandelt haben. (G. Paris Hist. poét. de Ch. p. 344.) Auch kann ich mich hier nicht mit den verschiedenen Fassungen beschäftigen, die die Erzählung von der Pilgerfahrt Karls nach Jerusalem noch in mehreren anderen Versionen erhalten hat, die aber ohne Zusammenhang mit unserem Gedichte sind. Man findet ein Verzeichniss derselben in L. Gautier's Épopées françaises II. p. 264 f.

II. Verhältniss der Manuscripte.
A. Nordische Handschriften.

Es müssen zunächst die beiden dänischen Versionen D und d von einander unabhängig sein, da beide abwechselnd bessere Lesarten darbieten (Sgkr. p. 162). Sie können jedoch nur aus einer gemeinsamen Quelle herrühren. Ihre grosse Aehnlichkeit, die Gemeinsamkeit verschiedener Auslassungen und Verkürzungen lassen hierüber keinen Zweifel. Alle beide Texte enthalten sodann eine grosse Menge Ausdrücke, die nur durch die Annahme einer schwedischen Vorlage erklärt werden können (Sgkr. etc. p. 161). Da D und d dieselben Svecismen zeigen und zwar oft sogar an denselben Stellen, muss man folgern, dass dieselben sich schon in ihrem gemeinsamen Original (δ) befanden. Dieses anzusetzende Original kann nur nach einer schwedischen Vorlage verfasst sein, weil sonst die in ihm vorkommenden Svecismen ohne Erklärung blieben. Die ausserordentliche Aehnlichkeit der dänischen Texte mit den Ueberresten der schwedischen Chronik von Karl dem Grossen, vor allem ihre gegenseitige Uebereinstimmung in einigen irrigen Lesarten (z. B. æwentyr für íþrótt) beweisen, dass diese beiden Versionen in einer näheren Beziehung zu einander stehen müssen. Indessen kann S auf keinem der schwedischen Fragmente beruhen, die wir besitzen; Dd haben öfters Lesarten, die besser mit C übereinstimmen, als alle schwedischen Handschriften. Storm führt einige Beispiele hierfür in seinem Werke p. 162 an; ich füge noch einige nicht weniger bedeutungsvolle Fälle hinzu. So erklärt Karl in Dd, er werde einen König aufsuchen, „von dem er viel sprechen gehört habe". Diese Stelle fehlt in S[1]). Ferner geben Dd zwei Mal besser die in C vorkommen-

---

[1]) Meg ær meget sagd aff en koning hedher hugen till hanem willæ wij oc fare Dd. Sagnkr. p. 229. J'irai un rei requere dount ai oi parler C. v. 12. S hat nur: ok wil jæk sökia konung then som heter hughin.

den Zahlen wieder, als die schwedischen Texte.¹) Zweimal sind sodann die Namen der französischen Pairs besser in Dd erhalten, als in S. Bering und gerin in Dd (= Berenger und Gérin in C) heissen in S bærnard und birgher. Die Stellen in Dd: Soge jeg mere thet wore mig mere till sorg en till glæde, Sagnkr. p. 242: ja ne at jur ke ne me plaigne C v. 801; Drotningen bar oc syn kronæ p. 243 = La femme lu rei Hugun, ke sa korune emportet C. 823; und: tha war keysaren III hand breth oc en fodh lenger en kongen, Sgkr. p. 243 = Karlemaines fud graidre plein pede III pouz C v. 821 fehlen gänzlich in S. Es folgt daraus, dass S und ð gemeinsam auf eine ältere und vollständigere schwedische Vorlage zurückgehen müssen. Diese verlorene Vorlage bezeichne ich mit σ.

Welches waren nun die Quellen dieses alten schwedischen Originales? Auch hier ziehen uns die Beobachtungen Storms aus der Verlegenheit. Derselbe bemerkt nämlich, dass alle erhaltenen schwedischen Handschriften Eigenthümlichkeiten aufweisen, die man nur durch die Annahme einer altnordischen Vorlage erklären kann (Sgkr. p. 161). Diese Vorlage von S, also auch von σ, in dem diese Eigenthümlichkeiten sich ebenfalls schon befunden haben müssen, kann nur die Karlamagnus Saga sein. Dem Verfasser von σ kann jedoch keines der vorhandenen Manuscripte dieser Compilation vorgelegen haben. Man begegnet in S häufig Stellen, die genauer dem Texte von C entsprechen, als sämmtliche Handschriften der Karlamagnus Saga. Ich zähle hier die wichtigsten dieser Fälle auf.

Die Worte von S: „han ær keysare i myklogardhe, han ægher persiam alt til capadociam" Sgkr. p. 229 entsprechen vollständig v. 47 f. in C:

Emperere est de Grece e de Costuntinoble
It tent tute Perse tresque en Capadoce.

Das Manuscript A der Karlamagnus Saga hat an dieser Stelle: hann er keisari i Miklagarði ok alt til þess lands er heitir Capadocia; die Manuscripte Bb. sind noch ungenauer; in ihnen verschwindet auch Cappadocien gänzlich: hann er keisari i Miklagarði ok yfir öllum ríkjum þeim er þar liggja til. Unger p. 467₉. Die Handschrift a ist an dieser Stelle lückenhaft. Dieser schon von Storm bemerkte Fall (Sgkr. p. 161) kann daher nicht als abschliessend betrachtet werden. Man findet jedoch Fälle, wo S auch bessere Lesarten als a darbietet. So hat man:

---

¹) Twa hielme p. 234 u. XI fagnæ p. 241 = C; S hat fyra hiælma und fyra fampna.

wiliælm S, Willemes C, gegen: Villifer Aa Bb; eno milo S, une liue C, gegen: halfa mílu Aa Bb; skal jagh lata idher halshugga S, Trancherai vus les testes C gegen: pa skulut þér allir dauða þola Aa Bb. Ausserdem findet sich noch:
at sancti dionisij kirkio som ær a franz S. Seint Denis de France C, gegen: At Sendinis borg A; Sendinis kirkju B, At kirkju hins heilaga Dionisii b, a fehlt; krona the som a hans hoffwuth sat S, la sainte corone que Deus out en sun chef C, gegen: af koronu hans A, lauf kórónu þeirri er Gyðingar settu a höfuð honum, þá er þeir pindu hann B, ba fehlt.

Die verlorene schwedische Chronik (σ) geht also auf einen ursprünglicheren Text der Karlamagnus Saga zurück, als auf den uns in den erhaltenen Manuscripten gebotenen. Es kommen noch verschiedene andere Umstände hinzu, welche die Ansetzung eines verloren gegangenen vollständigeren Textes der Karlamagnus Saga nothwendig machen. Die dänische Karl Magnus Kronike enthält bekanntlich drei Zweige mehr, als die Karlamagnus Saga. In diesen Zweigen, wie überall zwingt der Text der dänischen Chronik zur Annahme einer schwedischen Vorlage (Sgkr. p. 162); diese drei Zweige müssen demnach mindestens ebenso vollständig in dem verlorenen Original σ vorhanden gewesen sein; da σ selbst aber hinwiederum auf eine altnordische Vorlage zurückweist, wie uns wenigstens die erhaltenen Fragmente von S gezeigt haben, wird man wohl annehmen dürfen, dass auch diese drei Zweige schon in dem altnordischen Original vorhanden gewesen sein müssen. Die Uebereinstimmung in der Aufeinanderfolge der einzelnen Zweige zwischen der dänischen Chronik und gerade der älteren Redaction der Karlamagnus Saga, so wie der Umstand, dass die in der Saga fehlenden Zweige sich gerade am Ende derselben befinden, vermehren noch die Wahrscheinlichkeit dieser Annahme. Hierzu kommt endlich noch, dass einer der beiden Zweige, die nur in der jüngeren Redaction der Karlamagnus Saga (Bb) gefunden werden, in der dänischen Chronik einen weit volksthümlicheren Character hat und weniger von lateinischen Vorlagen abhängig ist, als in dem altnordischen Texte (G. Paris, Hist. poét. p. 153). Man darf daher wohl mit Sicherheit erschliessen, dass es einen älteren Text der Karlamagnus Saga gegeben haben muss, als den uns in den erhaltenen Manuscripten gebotenen, und dass dieser Text gerade dieselben Zweige und zwar in derselben Reihenfolge enthalten haben muss, wie die dänische Kejser Karl Magnus Kronike, natürlich in weit vollständigerer Form, als sie uns in letzterer vorliegen. Die Untersuchung über das Verhältniss der einzelnen Manuscripte der Karlamagnus Saga unter einander bestätigt diese Folgerung vollkommen.

Unger in der Einleitung zu seiner Ausgabe der Karlamagnus Saga hat bereits eine ziemlich beträchtliche Menge Beispiele angeführt, wo die Manuscripte der jüngeren Redaction Bb besser den französischen Texten entsprechen, als die der älteren Redaction Aa. Ich füge noch einige hinzu, die aus dem uns hier allein berührenden Zweige der Compilation, dem siebenten, entlehnt sind. So hat man:

469,25 100 ulfalda klyfiaða af gulli Bb, c mulz receivre d'or e d'argent trusset C, gegen: 100 marka gulls ok silfrs A; 471,13 Tha mælti Villifer af Orenge: Vildi guð, segir hann, at ek hefda aðrinn, ok vit Bertram, á Frakklandi, þa ok skyldim vit brjóta hann sundr allan með hömrum. En a þeir höfðu þetta við talazt etc. Bb, Dist Willemes de Orenge: Sainz pere ajude! — Car la tenise en France e Berterain si i fusset —7c. a peals e a martels sereit escansue. C 326—329; A fehlt; 472,9 en þó at hit versta veðr væri uti, var þó i henni sígott B; La enz fait itant requeit e suef e serit C 382; A fehlt; 474,14 þu ert fyrri móðr Bb, vus vus recrerez anceis C 490: A fehlt; 474,19 gullböll inn mikla Bb, grant pelote C 508; gullböll þenna A; 474,21 at þvi man ek eigi trúa, at þat megi verða Bb, ja ne vus en crerai C 515: þu talar mikla bernsku A; 477,6 100 þus. Bb, cent mille C 634: þusund Aa; 478,2 í því bili kom engill af himni sendr af almáttigum guði til fundar við Karlamagnús konung, ok tok í hönd honum ok reisti hann upp ok mælti á þessa lund Bb, Atant ast-vus un angele qui Deus i aparut — E vint a Carlemain, si l'ad releved sus C 672/73: þa kom engill guðs sendr til Karlamagnús konungs ok mælti Aa; 480,7 ok vilja svíkja af oss lönd vár ok ríki Bb, Volent tenir ma tere e tuz mes casemenz: Aa fehlt.

Bb können demnach nicht von A oder a abhängig sein. Aber auch das Gegentheil ist nicht möglich, da Aa einer älteren Zeitepoche angehören und im Allgemeinen doch die französischen Originale vollständiger wiedergeben, als Bb (Unger, p. IV ff.). Unser Zweig gibt auch für diesen Fall einige Belege. So hat man:

468,6. Nú skunda þeir ferð sinni ok komu til Burgun, ok leifðu Leoregna ok Beiferi, Lungbardi, Púl, Perse ok Tulke A, Il issirent de France e Burgoine guerpirent — Loheregne traversent, Baivere e Hungerie — les Turcs e les Persaunz e cele gent haïe C 100—103: Siðan fóru þeir á veginn um öll lönd, sem fyrir lá, ok alt til hafs út ok siðan etc B b; 468,7 þeirrar er Paternoster heitir A, de sancte paternostre C 44: Bb fehlt; 470,3 Nú leitar hann þessa konungs, er svá var mjök lofaðr ok vill at visu finna hann A, De sa muller li membret ke il vit parler — Ore irrat lu rei querre que ele li out loet. C 234/35: B b fehlt; hafði gullvönd í hendi sér ok elti með öxn sín en sva beint gékk sá arðr fram sem lína væri at borin A, Une verge d'or fin tint li reis en sa main — Si a cundut sun aret tant adreceement — Si fait dreite sa rei cum line que tent C 295—298; var vel um (hann b) buit Bb; 471$_{12}$ sjau vetr A, set anz C 310: 12 manuðr Bb; 476^9 ferliga gerði keisari, er hann veitti yðr herbergi Aa, Que fols fist li reis Hagun qui vus presta ostel! C 590: Bb fehlt; 477$_8$ En Karlamagnúsi konungi rann nökkut þessa rœða í skap ok leit til Frankismanna ok mælti við þá: Vér várum mjök drukknir í nótt af víni ok klare, ok ætla ek at njósn hafi verit haldin á oss Aa; Quant l'entent l'emperere si se creinst de sai — E regardet Franceis, les feres compaignies. — Del vin e del claret fumes er-sair tuz ivres — jo quid que li reis out en sa cambre s'espie C 678—81; Bb fehlt; 481$_9$ áðr skulu þessar 7 nætr liða, a, Ne de certe semaine C 800: aðr skulu 7 vetr liða B, eigi meðan ek lifa liða b etc.

Die beiden von den Manuscripten Aa und Bb repräsentirten Fassungen der Karlamagnus Saga sind demnach von einander unabhängig. Es bleibt nur noch übrig das Verhältniss von A zu a, und B zu b zu untersuchen. Zunächst kann b nicht von B abhängen; b stimmt sehr häufig mit A, a oder C gegen B überein. Diese Uebereinstimmung von b mit der älteren Redaction der Karlamagnus Saga oder mit C kann nicht zufällig, und B in diesen Fällen nicht das Original von b gewesen sein. Ich citire hierfür ebenfalls einige Beispiele aus dem uns interessirenden Zweige der Karlamagnus Saga:

466$_1$ eða eigi b Aa: er þu segir B; 468$_3$ þo b A; þeirra B; 470$_{16}$ hann bA: Karlamagnus B; 471$_{11}$ ráð bA: þatt ráð mitt B; 473$_{16}$ hann bA: þann mann B; 474$_{23}$ skal niðr falla um 40 faðma b, mais de quarante teises C 514: mun niðr falla fjóra faðma BA, 478$_{11}$ varð bAa; var orðinn B; 479$_{12}$ Oliver sté í hvílu til hennar ok hló bAa, Oliver i entrat, si cumençat a rire C 768: þangat var ok fylgt Oliver til svefnbúrs, ok þar í rekkju er mærin var fyrir, ok skyldu þau tvau ein byggja þat herbergi á þeirri nótt. En Oliver etc B; 480$_4$ allra mest bAa: öllum þeim er við váru staddir B; 481$_1$ eptir þat fór, þa fór Aa: Nú er svá var máli kómit B.

Aber auch B kann nicht von b abhängen; man findet nicht weniger Beispiele, wo B den Texten von Aa oder C genauer entspricht, als b:

467$_1$ kona BA; eiginkona b; 467$_{17}$ ætlat BA: hugat b; 468$_8$ tólf postular hans með honum. Thar standa tólf stólar, er postular dróttins sátu á, ok inn þrettándi sá er sjálfr hann sat á BA: þagat fylgðu honum 12 jafningjar. Thar standa 13 stolar; ok sat dróttin várr sjálfr á einum, en postular hans 12 á öðrum, þeir sem at stodu þeirri messu, er guð sjálfr söng b; 468$_{10}$ umhverfis BA: umbergis b; 468$_{17}$ hvarf til BA:

mintist við b; 469₂ at úlofi mínu BA: án váru leyfi b; 473₈ rekkju sínnar BA; síns herbergis, þar sem hann skyldi sofa b; 475₂₇ skal ek í sitja frá morni ok til nóns BA: b fehlt; 478₁₆ fram flytja B Aa: fremja b; 481₉ áðr skulu þessar 7 nætr; a; áðr skulu 7 vetr B; eigi meðan ek lifa b; 482₆ til Olivers Ba: at Oliver b; 482₁₁ rað at Ba; sœmiligast b. Man könnte die Zahl der Beispiele leicht vermehren, wenn man noch die übrigen Zweige der Karlamagnus Saga heranziehen wollte; doch sind die angeführten für unsern Zweck genügend. Oben wurde schon bemerkt, dass weder B noch b auf A oder a zurückgehen können; es bleibt also nichts übrig, als für B und b ein gemeinsames, verloren gegangenes Original anzusetzen (β). Dieses Original, welches natürlich ebenfalls nicht von A oder a abhängig sein kann, da Bb öfters gemeinsam bessere Lesarten als A und a darbieten, repräsentirt uns den ursprünglichen Text der jüngeren Redaction der Karlamagnus Saga.

Die gegenseitige Unabhängigkeit von A und a steht nicht weniger fest, als die von B und b. Die Beispiele für dieselbe sind in unserem Zweige allerdings seltner, als für B und b, da in Folge der Lückenhaftigkeit von a und A diese beiden Manuscripte nur in einem kleinen Theile des 7. Zweiges gleichzeitig vorhanden sind. Dennoch begegnen wir zunächst vier Beispiele für die Unabhängigkeit von a:

477₁₂ mælti við hann horðum orðum: Mjök hafit pér mik gabbat í nótt, ok þu hæddir at mér ok launaðir mér svá minn beinleika a; mælti við Karlamagnús konungr, segir hann, hví gabbaðir þu mik í nótt ok hæddir at mér ok launaðir mér svá beinleika Bb, .. de luinz le contraliet: Carles purquei gabastes de mei e escarnites? — Er-sair vus herberjai en mes cambres perines — Nel duscz ja penser pa si grant legerie C 642—45: ásakaði hann um gabb þat er þeir höfðu veitt honum þá nótt A; 476₁₁ Gerin a Bb: Geres A; 479₁₁ eitt sinn a Bb, une sule feiz C: nökkut A; 479₅ a höfði a; teste C: lifi A Bb.

Für die Unabhängigkeit von A zeigt unser Zweig nur drei Fälle: 476₂ at baki honum ABb, par detres C; a fehlt; 476₁₅ a morgin ABb, demain C: a fehlt; a jörð ABb, a tere C: niðr a.

Wäre A von a abgeschrieben, so könnte man selbst nicht diese drei Fälle erklären, wo A vollständiger oder treuer ist, als a. Da sonst überall A und a sich einander ausserordentlich ähnlich sind und sie dieselben Zweige in derselben Reihenfolge enthalten, muss man auch ihnen eine gemeinsame Vorlage anweisen (α).

Es handelt sich nunmehr darum, auch das Verhältniss, der beiden supponirten Texte β und α festzustellen. Beide Texte müssen zunächst von einander unabhängig sein. Die sie repräsentirenden Manuscripte Aa und Bb haben oft gemeinsam bessere Lesarten oder Lücken, wo die anderen beiden Handschriften ebenfalls gemeinsam, sei es nun besser oder schlechter, die französischen Originale wiedergeben. Da man annehmen muss, dass in den Fällen, wo Aa oder Bb gleichzeitig dieselbe Lesart darbieten, sich diese schon in ihren gemeinsamen Vorlagen befunden haben muss, bleibt auch hier nichts übrig, als β und α auf ein gemeinschaftliches Original zurückzuführen ($\varkappa$). Dieses $\varkappa$ kann jedoch nicht mit dem von S und Dd postulirten Texte identisch sein. Es ist zunächst auffällig, dass keins der auf $\varkappa$ zurückgehenden Manuscripte die drei nur in Dd befindlichen Zweige enthält. Wir haben ferner oben in Dd und S einige ursprünglichere Lesarten angetroffen, als die der vier erhaltenen Handschriften, und zwar selbst an Stellen, wo letztere gleichmässig übereinstimmen. Da es nicht wahrscheinlich ist, dass in mehreren Fällen die Schreiber von α und β gerade dieselben Verwandlungen vorgenommen haben, muss man dieselben schon ihrer Vorlage $\varkappa$ zuweisen. Es muss also auch $\varkappa$ auf ein noch ursprünglicheres Original zurückgehen (K). Diese letzte Vorlage ist mit der ursprünglichen Gestalt der Karlamagnus Saga zu identificiren. Sie enthält ohne Zweifel alle in Dd reproducirten Zweige; der Schreiber von $\varkappa$ hat jedoch wahrscheinlich von K nur die 8 ersten Zweige abgeschrieben, im Allgemeinen mit grosser Sorgfalt, nicht jedoch ohne sich einige Auslassungen zu erlauben, oder in Irrthümer zu verfallen. Auf $\varkappa$ wiederum beruhen die Fassungen von α und β. Der Schreiber von α, seinem Originale treuer als der von β, hat nichts hinzugefügt, eher von Zeit zu Zeit abgekürzt. Der Verfasser von β im Gegentheil hat den zweiten Zweig hinzugefügt (Unger p. XV, G. Paris in der Bibl. de l'École des Chart. 5° sér. tome 5 p. 106), den 9. Zweig nach einer andern Handschrift abgeschrieben[1]) und die Erzählung von dem Tode Karls selbst verfertigt. Ausserdem hat er mehrmals bedeutend abgekürzt und in dem 8. Zweige bedeutende Veränderungen vorgenommen, indem er, ausser dem altnordischen Original, noch das speculum historiale von Vincent de Beauvais benutzend, alles entfernte, was in diesem Zweige mit der lateinischen Legende in Widerspruch stand. (Unger p. IV. Sgkr. p. 68.) Endlich beruhen A und a auf α, B und b auf β; die Abweichungen zwischen A und a, B und b rühren von der mehr oder minder grossen Aufmerksamkeit ihrer Schreiber oder

---

[1]) Der Verfasser von β hat demnach mehrere Handschriften benutzt. Mit dieser Beobachtung stimmt vollständig die Bemerkung in Bb überein, wo bei der Erwähnung des vorliegenden Materials von „norrœnubœkr" gesprochen wird. Ich kann hier natürlich nicht untersuchen, in welchem Verhältniss diese 2. Vorlage von β zu den conjicirten und vorhandenen Handschriften gestanden haben muss.

von der mehr oder minder beträchtlichen Zahl der anzusetzenden Mittelglieder ab, die sie von ihren Originalen trennen. Was die beiden uns berührenden Fragmente des nordischen Reichsarchives angeht, so sind die uns erhaltenen Stücke zu unbedeutend, um ihnen einen bestimmten Platz anweisen zu können. Es scheint jedoch festzustehen, dass sie von keiner der vorhandenen Handschriften der Karlamagnus Saga abhängig sein können. In dem Fragment 3 finden wir bei der Schilderung der Ausrüstung Karls und seiner Pairs noch hinzugefügt: ok skreppur (Unger 467_{27}), diese „skreppur" finden sich sonst nur noch in den Rimur wieder; da letztere, wie wir gleich sehen werden, wenigstens direct auf × zurückgehen müssen, könnte man vielleicht daraus schliessen, dass dies auch mit dem Fragment 3 der Fall sein müsse.

Die Quelle der Geiplur betreffend, steht zunächst fest, dass dieselben nicht von S oder Dd herrühren können. Einerseits sind diese Fassungen wahrscheinlich jünger als R, sodann sind die Geiplur viel vollständiger, als dies selbst für den S und Dd zu Grunde liegenden Text σ anzunehmen ist. Die Geiplur können demnach nur auf die Karlamagnus Saga zurückgehen oder müssen direct aus irgend einem französischen Gedicht übersetzt sein. Die grosse Aehnlichkeit von R mit ersterer lässt keinen Zweifel zu, wofür man sich hier zu entscheiden habe. R stimmt mit der Karlamagnus Saga an vielen Stellen fast wörtlich überein. Dennoch kann R aus keiner der vorhandenen Handschriften der Karlamagnus Saga hergeleitet werden. Einige Beispiele werden zeigen, dass die Geiplur bald mit der einen, bald mit der andern der 4 erhaltenen Manuscripte der Saga mehr übereinstimmen, als mit den übrigen, und dass es dann häufig die besseren Lesarten sind, mit denen die Rimur zusammengehen. Einmal stimmen sie besser mit C, als alle 4 erhaltenen Handschriften.

24_2 koma ei fyr í Frakkland heim, en fæ eg hann sét ok kunat R, ja n'en prenderai mais fin tresque l'averei veuz C 57; AbB fehlt; 28_3 í svefni RA; í draumi Bb; 29_2 skreppur R Fr. í Rigs; ABb fehlt; 31_2 Plaga slk fram í þruðast mynstr, Pater noster heitir R, þeirrar er Pater noster heitir A, de sancte pater nostre C; Bb fehlt; 32 Lyktar sinni ljufri bæn — lofðungs herrinn mæti, — þegnar lita þar so væn, þrettan veglig sæti — Sá þeir alldri súdr í heim — sæti slik í höllum — sjálfr guð hefir setit í þeim — með sínum postulum öllum R; þagat fylgdu honum 12 jafningjar. Thar standa 13 stólar ok sat dróttin varr sjálfr á einum, en postular hans 12 á öðrum b: þar standa tólf stólar, er postular dróttins sátu á, ok inn þrettándi, sja er sjálfr (dróttin varr) sat á AB; 91_1 Berard Ra: Gerin A, Ernaldr BbC; 110_3 Herra máttu hugsa um þik, hvar fyr léztu dara mik? R, hví gabbadir þu mík í nótt ok hæddir at mér ok launadir mér svá beinleika? Bb, Carles pur quei gabastes de mei e escarnites? C 643; Mjök hafit pér mik gabbat í nótt, ok þu hæddir at mér ok launadir mér svá minn beinleika Aa; 126, Allir lofudu í hans mátt, engill hvarf í burtu brátt R, þeir lofudu allmáttkan gud fyrir sínní miskunn Bb: Aa fehlt.

R kann demnach nur von K oder κ abgeleitet werden. Erstere Handschrift muss den correcten Namen Vilhjálmr (Guillaume C) enthalten haben, da sonst die Lesart wiliælm in S unerklärt bliebe; hingegen muss κ bereits die Form Villifer gezeigt haben, weil wir dieser Form gleichmässig in A, a, B und b begegnen. Da nun die Geiplur ebenfalls Villifer haben, wird es wahrscheinlich, dass sie aus κ abgeleitet sind. Uebrigens bleiben die Rimur von gleicher Wichtigkeit für die Kritik, ob man sie von R oder von k herrühren lässt.

Es bleibt nur noch übrig, die Vorlage von F festzustellen. Dies ist jedoch wegen des theilweise ganz abweichenden Inhalts dieser Version kaum zu erreichen. Nur so viel steht fest, dass der Verfasser derselben die dänische Fassung unserer Sage gekannt haben muss, und zwar in der Gestalt, wie sie die emendirte Ausgabe Pedersens wiedergiebt. Doch kann dieselbe nicht die einzige Quelle für F gewesen sein, es muss dem Dichter des færöischen Liedes ausserdem auch noch eine ältere nordische Gestalt unseres Gedichtes bekannt gewesen sein. Welcher Text dies gewesen ist, wird sich schwer mit Sicherheit bestimmen lassen.[1] Auch würde eine solche Bestimmung für unseren Zweck von zu wenig Wichtigkeit sein, um uns länger damit zu beschäftigen.

Alle Gestaltungen, die unser Gedicht bei den scandinavischen Völkern erhalten hat, gehen somit im letzten Grunde auf eine ursprüngliche altnordische Karlamagnus Saga zurück, die wahrscheinlich zu Anfang des 13. Jahrhunderts verfasst worden ist, von der uns aber nur spätere und unvollständige Abschriften erhalten sind. Zur leichteren Orientirung wiederhole ich das Ergebniss in der folgenden Figur. Die Fragmente aus dem norwegischen Reichsarchiv, so wie das færöische Lied habe ich in derselben ausser Acht gelassen, weil diese Versionen für die Kritik ohne Werth sind.

---

[1] Herr Dr. Kölbing wird diese Abstammung von F nächstens in der Germania ausführlicher begründen. Ich begnüge mich daher mit den obigen Angaben.

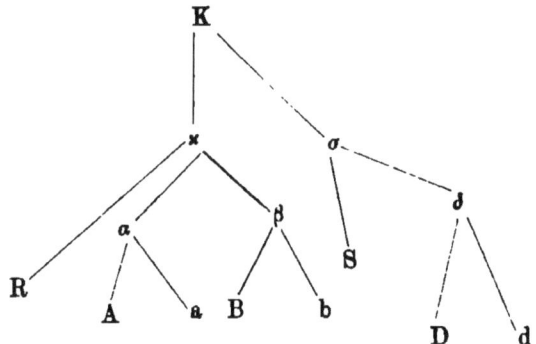

B. Französische Manuscripte.

Wir haben es von jetzt ab nur noch mit den drei französischen Texten von C, G und P und dem nach den vorangehenden Ergebnissen leicht zu reconstruirendem Texte von K zu thun. Ich beginne auch hier mit der Untersuchung der beiden jüngsten Versionen, G und P. Wie gross auch die Aehnlichkeit zwischen diesen beiden Prosaumschriften unseres Gedichtes ist, so müssen dieselben dennoch unabhängig von einander sein. Zunächst kann G. nicht auf P beruhen. Ich habe schon oben die Erzählung von den Ställen des Königs Hugo, in denen Karl mit seinen Begleitern wiederholt Quartier nimmt, angeführt. Diese Erzählung ist in G in höchst detaillirter Form und mit Angabe der unbedeutendsten Nebenumstände wiedergegeben; P hingegen lässt diese Erzählung ganz weg. Man darf daraus nicht etwa schliessen, dass der Verfasser von G den Text von P gekannt und die darin gegebenen Andeutungen benutzt habe, um eine ausführliche Schilderung der reichen Ställe Hugo's daraus zu gestalten. Es ist dies deshalb nicht möglich, weil auch schon der Verfasser von P diese Erzählungen kannte und sie, wie er selbst sagt, nur deshalb wegliess, weil er sie für offenbare Lügen hielt. (S. oben.) Beide Versionen müssen daher eine ähnliche Vorlage besessen haben, nur hat G hier den ihm vorliegenden Text genauer reproducirt, als P. Es finden sich ausserdem noch einige Fälle, wo G besser zu C und K stimmt, als P. So wird in G in Uebereinstimmung mit C und K erzählt, dass ein Jude Karl mit seinen Begleitern in der Kirche von Jerusalem erblickte und dem Patriarchen hiervon Mittheilung machte; in P wird diese Rolle einem Christen zuertheilt. (L. Gautier, Épopées franç. II. p. 269 Anm.) Dem Herzog Naimes ist in G dieselbe Prahlerei zugewiesen, wie in C und K, in P tritt Aymer an seine Stelle. Ebenso wird in G einer Fee Erwähnung gethan, in Uebereinstimmung mit C, wo in einer ziemlich dunkeln Stelle von einer Fee Mascus gesprochen wird, die den König Hugo mit einer prachtvollen Decke beschenkt (Charlemagne 430. 31)[1]). P weiss nichts von einer solchen Fee. Aber auch P kann nicht auf G beruhen, denn P bietet ebenfalls einige Stellen, die den Texten von C und K genauer entsprechen, als die correspondirenden Stellen von G. So erfährt man in P, übereinstimmend mit C und K, dass die Reliquien, die Karl von dem Patriarchen von Jerusalem empfing, sorgsam in einem Schmuckkästchen aufbewahrt und nach der Heimkehr Karls nach Saint Denis gegeben wurden (. . furent encasees moult notablement en un escrinet quil [Charlemagne] donna a Saint Denis luy retourne de cellui voyage). G enthält diese Mittheilung nicht. Zu weiterer Sicherstellung des Verhältnisses von G zu P füge ich hier noch drei Parallelstellen von C und G hinzu, die sämmtlich die Unabhängigkeit von P dem Texte von G gegenüber darthun:

1) Je fraperois de telle force q mon espee ferois entrer dedans terre jusques a la Croisee G cap. VIII: et feroie mon espee ung pie en tere si quil couuendroit IIII hōmes a la retirer dehors P, Le branc en tere si je le les aller ja n'en est mes recuz par nul hume charnel C 463—64.

2) je prendray mon elephant (cest a dire son cor: de quoy il cornoit) et le sonneray par si grand force et vertu que de mon aleine qui en sortira fera si grād bruyt que je feray choir e tresbuche a terre le donion de ce palais qui est grand et large tant quil ny demourra pierre sur pierre G cap. VIII: . . prendray mon olifant . . et le metray a ma bouche si le sonneray de si grant force que du vent qui en istra feray toute la cite enlever et porter hors de son lieu et ny demourra piere sur autre et tant dy je que se Huguon qui ceans nous a hostelez en sonne ung tout seul mot lors ly bruleray je son palais et tout son pais par force de laleine de mon corps P.

> Dites al rei Hugon qui il me prestet sun olivant
> Pus si m'en irrai la fors en cel plain.
> Tant par est fort ma aleine e li venz si bruant,
> Que tute la oite, que si est ample e graut,
> N'i remaindrat ja porte ne postits en astant.
> Mult est forz li reis Hugun, si il se metet en avant,
> Ke il ne perde de la barbe les gernuns en brulant
> E les granz peaus de martre . . .   C 471 ff.

---

[1]) Die hierher gehörigen Stellen in G sind: „Car on dit quil (le roy Hugues) fut predestino en son enfance duno fee qui luy donna celle de labourer et destre le plus riche sur tere" Cap. V, und: „car des son enfance oeste chose luy fust destine par une fee". Cap. V.

3) Je vueil dist Richard que quand il sera demain soleil leve que le roy hugues me baille six hōmes des plus fors et puissans de toute sa terre. Je sauteray plus a un sault moy estant arme de toutes pieces que ne feront tous ceulx qui me baillera a sauter chascun son sault G cap. VIII:

Richart dit lors: Or mescoutez fait il beaulx signeurs chūn de vous atant dit que je men esbahy sy non par apoint nous sōmes en forte cite et chies vng roy herbergies si riche quil nest rien de quoy il ne puisse faire a son cōmandemēt prengne demain au matin ou quant il lui plaira VI hōmes des plus gros et massis de son rengne les fache tous armer a sa plaisance puis face vne grant cuve apareillier et emplir de plomb ou dont mestoit tout fondu si quil soit chault et brillant et que len me charge les VI hōmes sur moy je me vante dentrer et saillir a tout ma charge dedens la cuve et en ressaillir sain et sauf par ma legierete si que mō corps nen vauldra ja pis dun seul denier et seront ceulx que je porteray ars et eschaudez et tout leur harnois cuit et mol cōme vne trippe qui aura vng jour entier boully au feu P,

> Or prenget li reis luigne de plum quatre sumes,
> Sin facet en calderes tutes ensemble fundre,
> E prenget une cuve que seit grande e parfunde,
> Si la facet raser desque as espondes;
> Pus me serrai en mi tresque la basse nunc.
> Quant li pluns iert tuz pris e rassises les undes,
> Cum il ert ben serrez, dunc me verrez escure
> E le plum departir e desur mei desrumpre,
> N'en i remandrat ja pesant un escalume. C 567—575.

Da sonst G und P überall eine unverkennbare Aehnlichkeit zur Schau tragen und überdies eine Menge Episoden und Hinzusetzungen enthalten, die nur ihnen eigenthümlich sind, sieht man sich gezwungen, auch sie auf eine gemeinsame Grundlage zurückzuführen. Was die äussere Gestalt dieser Vorlage betrifft, so theilt uns zunächst der Verfasser von G in dem Prolog zur ersten Ausgabe dieses Romanes mit, er habe denselben aus dem Lateinischen übersetzt (Charlemagne p. XL). Andrerseits versichert uns der Autor von P, er habe seine Erzählung von der Reise Karls des Grossen aus gereimten Büchern entnommen, ohne sie zu ändern. Herr Prof. Suchier, dem ich die Kenntniss dieser Bemerkung verdanke, hat leider nicht Zeit gehabt, die darauf bezügliche Stelle aus dem Arsenalmanuscript mit abzuschreiben. Einige in P noch erhaltenen Verse scheinen indess die Angabe ihres Verfassers zu bestätigen. So beginnt derselbe die Erzählung von dem „gab" des Herzogs Richard mit folgenden Worten:

„Richart le duc de Normandie veant que son tour approchoit pour
respondre cōme lun et chūn des altres demanda au dit Charlemagne
sil gaberoit et il lui respondi que ouy et ad ce que chūn puisse entendre
que cest a dire gaber dist listorien deux vers rimez nō mie cōme notables:

Entendre que cest de gaber
vault autant cōme de flaber.

Diese Verse repräsentiren vielleicht den Styl und den Ton des
P vorliegenden Originals[1]). Man kann nicht daran zweifeln, dass der
Galien auf demselben verlorenen Gedichte beruht. Wenn der Verfasser
dieses Romanes vorgiebt, er habe seine Erzählung aus dem Lateinischen
übersetzt, so that er dies wahrscheinlich in der Absicht, seinem zum
grössten Theil auf reiner Erfindung beruhenden Werke ein grösseres
Ansehen zu verleihen. Der Styl des Romanes, sowie seine Aehnlichkeit
im Ausdruck mit P und manchmal selbst mit C scheint der Angabe
seines Verfassers auf jeder Seite zu widersprechen. Das Original von
P und G war sonach wahrscheinlich eine jener Umdichtungen des ursprünglichen Gedichtes, wie wir sie im 13. und 14. Jahrhundert allgemein
verbreitet sehen. — Ich bezeichne dasselbe mit x.

Es fragt sich nunmehr, ob der G und P gemeinsam zu Grunde
liegende Text von x auf C beruhen kann, oder ob wir für ihn eine
andere Vorlage annehmen müssen. Die Beantwortung dieser Frage
wird uns mit Hülfe der Karlamagnus Saga ermöglicht. Ich habe schon
oben einige Aehnlichkeiten zwischen dem Text von K und dem von G
und P angegeben. G, P sowie sämmtliche nordischen Handschriften
zählen nämlich unter den Reliquien auch den Schuh der heiligen Jung-

---

[1]) Bei der Schilderung der Episode, wo die Pilger unterwegs von zweitausend
Sarazenen unter Führung Braimonts angegriffen werden, zeichnet der Verfasser von
P das Portrait von Ogier mit folgenden Worten: „a iceste heure luy enfläba le
visage de fin argu sy que qui leust abonce certes veu il lui oust dun home enragie
souvenu". Wie es scheint mit Recht glaubt L. Gautier hierin die Verse des Originals:

Lors li enflambe le vis de fin argu
Qui l'eust or abonné ne veu
Li fust d'un homme esragié souvenu

wiederzuerkennen. (Ép. fr. II, p. 269.) Der Rhythmus dieser reconstruirten Verse
weicht jedoch von dem der oben citirten ab. Ich wage daher nicht mit Sicherheit
die Form der poetischen Originals von P zu bestimmen, zumal man in der That
noch zweimal Versen begegnet, die das von Gautier angenommene Versmass zeigen.
Es sind die Verse:

Prudence aprent lome a viure en raison
la ou elle est eureuse est la maison

und:

Qui ne so puet dun mauvais pas garder
au moins sen doit mettre hors sans garder.

frau Maria auf, und in allen diesen Versionen wird ausserdem auf Erzbischof Turpin der gab übertragen, der in C allein dem Grafen Bernard zugewiesen wird. Es findet sich noch eine dritte übereinstimmende Stelle in allen diesen Handschriften. In C wird bei Beschreibung der Abendunterhaltung der bereits in ihren Betten befindlichen Begleiter Karls deren Unterhaltung plötzlich unterbrochen und es folgt ohne Uebergang der folgende Vers C 453:

E dist Carlemaines: „Bien dei avant gaber".

Man hat das Gefühl, als ob in unserem Gedichte hier eine Lücke sein müsse, wiewohl nichts dazu zwingt, an dieser Stelle eine schlechte Ueberlieferung anzunehmen. Der kurze, schnelle Uebergang in der Erzählung verträgt sich sehr wohl mit dem Gesammtcharacter des Charlemagne. Auffallender Weise unterdrücken jedoch alle übrigen Versionen diese schroffe Uebergangsweise und stellen eine Verbindung zwischen den Worten Karls und den vorausgehenden Gesprächen her. Ich theile hier alle darauf bezüglichen Stellen aus den einzelnen Versionen mit:

En ceste nuyt lempereur et ses douze pers ne peuvent dormir. Si apella lempereur Roland et Olivier et les autres aussi et leur dist quil convenoit passer le temps en lieu de dormir et dire aucune sornette pour rire et Roland respondit: Sire je comenceray sil vous plaist et lempereur lui dist que non feroit et que ce nestoit pas la raison: mais non obstant il ne se courrouca point: et Roland dist que non feroit-il: adoncq Charlemaigne dist quil commenceroit tout le premier a gaber.

G cap. VII, ... il (Charlemagne) demanda a tous les autres silz avoient volente de dormir et ils respondirent tous que non et quant chūn fut resveillie lors leur requist il que chūn endroit soy et lun apres lautre deist quelque pieuse chose veritable ou mēcongiere par maniere de gaberie pour partie de celle nuit plus pieusement passer. Sy lui demanda Rolant sil gaberoit le premier. Non certes Sire nieps fait il ains cōmencheray Car pur raison doy ouvrir la premiere audience P. — Síđan bađ Karlamagnús konungr, at hverr þeirra skyldi segja sina íþrótt. Their báđu hann fyrstan segja sína íþrótt. A = S. (Bb weicht etwas ab, der Sinn ist derselbe.

Man kann diese wiederholte Uebereinstimmung zwischen G, P und K nur erklären, wenn man x, das Original von G P, und K auf eine gemeinsame Vorlage zurückführt (y). Nach dem Texte von y hat der Verfasser von x seine Umdichtung vorgenommen.

Es bleibt so nur noch zu bestimmen übrig, in welchem Verhältniss C, das einzige noch zu classificirende Manuscript, zu diesem y stehen

muss, dem Texte, von dem bis jetzt alle unsere Versionen abhängen.
Es ist zunächst von vorn herein unmöglich, y von dem uns vorliegenden
Texte von C abzuleiten. Das Manuscript y muss aus dem Anfange des
13. oder dem Ende des 12. Jahrhunderts herrühren, da es K, welches wohl
aus der ersten Hälfte des 13. Jahrhunderts stammt, zur Grundlage gedient hat. C hingegen kann nur aus der zweiten Hälfte des 13. Jahrhunderts herrühren. Es bleiben also nur noch zwei Möglichkeiten:
Entweder C und y entspringen aus einer gemeinsamen Vorlage, oder
C geht auf den Text von y zurück. Eine absolut sichere Entscheidung
zu treffen, ist hier kaum möglich. Einerseits weiss man nicht, wie viel
in dem Texte von C dem Original dieses Manuscripts zuzuschreiben ist
und wie viel auf den Einfluss des englischen Schreibers zurückgeführt
werden muss, andrerseits sind die Texte, die uns gestatten, auf den
Inhalt von y einen Rückschluss zu machen (KPG), so mangelhaft und
so alterirt, dass man nicht erwarten kann, aus ihnen ein in allen Einzelheiten genaues Bild von y zu erlangen. Es scheint, dass der Text von
y ausführlicher gewesen sein muss, als der von C. In y kann sich der
plötzliche Uebergang nicht befunden haben, den wir in C bei dem Verse
453 beobachteten. Ausserdem musste y unter den Reliquien noch den
Schuh der heiligen Jungfrau Maria mehr haben, als C, und auch die
Uebertragung des gabs von Bernard auf Turpin, die ebenfalls schon in y
statt gefunden haben muss, scheint für diesen Text zu sprechen. Die
Stelle in C v. 772 f.:

   E dist a Carlemain: „Damne Deu en priez"
   Il vent curant a l'ewe, si ad les guez seignez

scheinen in der That mehr zu der Person des Erzbischofs Turpin, als
zu der des Grafen Bernard zu passen, dem sie in C zugewiesen werden.
Doch kann man aus diesen Fällen noch immer nicht schliessen, dass y
dem Schreiber von C vorgelegen habe. Alles was y mehr als C enthalten haben muss, kann ebenso wohl als Interpolation des Autors von
y erklärt werden, und namentlich kann die Vertauschung der Rollen
zwischen Bernard und Turpin dem letzteren zugewiesen werden, dem
die Rolle Bernards vielleicht zu wenig für die Person des Erzbischofs
passend erschien. Die Verse des Charlemagne, wo von den Prahlereien
dieser beiden Pairs gesprochen wird, erlauben kaum, sie für unecht
anzusehen[1]). Auch sieht man nicht recht ein, warum der Schreiber von

---

[1]) Es sind v. 493 f.:
   E vus sire arcevesque, gaberez vus od nus?
   Oil ço dist Turpin, par le ccmant Carlun.

C Turpin seines Platzes beraubt und dessen Rolle gerade auf Bernard übertragen hätte. Die Erklärung eines entgegengesetzten Verfahrens hingegen ist sehr leicht. Ueberdies begegnet man in C noch einigen Lesarten, die offenbar denen vorzuziehen sind, die sich in y befunden haben müssen. (Z. B. Rolland, si est mis nes C 317: keisari af Romaburg ABb, oc keysare aff room S 232, Romske keysere D; arc usud C 663: olifatre Aa Bb oliwetræ S etc.) An einigen Stellen ist man versucht, zu glauben, dass der Text von y bereits Interpolationen enthalten habe (z. B. ok svá fiskar or öllum vötnum þeim A Bb, hver sú kind í vatni byr R 88, oc alla fiska aff sioom ok watnom S, ok fisken skall løbæ pa landeth Dd; C fehlt; þa vár þar mikill fagnaðr landsfólki öllu af hans tilkvámu 482 a Bb; tha foro (here landzmen Sc) ther i mellan S; C fehlt). Es lässt sich aus allen diesen Gründen das Verhältniss von y und C nicht mit Sicherheit feststellen. Am wahrscheinlichsten ist, dass auch y und C auf ein gemeinsames Original zurückgehen (z), doch lässt sich auch denken, dass C von y abhängig sei. Nehmen wir ersteres an, so kann auch diese gemeinschaftliche Vorlage z noch nicht den ursprünglichen Text unseres Gedichtes enthalten haben. Wir werden weiter unten sehen, dass auch C und y an einer Stelle offenbar schon eine Entstellung zeigen, die ihnen nur aus ihrem gemeinsamen Original überkommen sein kann. Keinesfalls hat y schon den ursprünglichsten Text des Charlemagne enthalten, selbst wenn man die Abhängigkeit des Textes C von y annimmt.

Das Resultat dieses Theiles unsrer Manuscriptuntersuchung lässt sich in folgender Figur veranschaulichen.

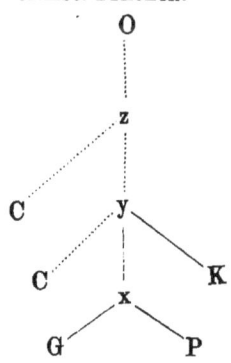

E dist lempereres: „Sire Bernard gabez"
Volenteres, dist li quens, quant vus le comandez 553 f.
E dist Hugun li Forz: Veez ci Bernard
Filz le cunte Aimer(i), ki de ço se vantat 764 f.
Or[e] set li quens Bernard: lui estut cumencer 771.

III. Alter des Charlemagne.

So sehr auch die schwankende Orthographie des Schreibers von C an und für sich zu beklagen ist, so hat sie doch den Vorzug, uns leicht erkennen zu lassen, dass sein Original einer bedeutend früheren Zeit angehören muss, als das uns erhaltene Manuscript. Man hat zwar behauptet, dass dieses alterthümliche Aussehen von C zum grossen Theile dem Einfluss des anglo-normannischen Dialectes des Copisten zuzuschreiben ist, doch trifft man in unserm Texte nicht selten auch Formen an, bei denen eine solche Erklärung nicht wohl zulässig sein dürfte, und die nichts desto weniger auf eine sehr weit zurückliegende Abfassungszeit hindeuten. Es versichern uns daher Mall und Gautier, dass das Original des Charlemagne noch dem ersten Drittel des 12. Jahrhunderts angehören müsse; die vollkommene Analogie der sprachlichen Formen in unserm Gedichte und in der Chanson de Roland ist ausserdem auch schon von P. Paris beobachtet worden (Jahrb. für rom. und engl. Lit. I. p. 207.). Die falschen Assonanzen und die metrischen Fehler unseres Textes müssen durchweg der Unaufmerksamkeit des englischen Schreibers zugewiesen werden, und, diese entfernt, steht unser Gedicht in Betreff seines Styles und Rhythmus des Chanson de Roland in nichts nach.

In dem nun folgenden Theile unsrer Untersuchung nehme ich das einmüthige Urtheil dieser drei Gelehrten zum Ausgangspunkt und vergleiche zunächst unser Gedicht in Bezug auf seine Sprache mit den Dichtungen, von denen notorisch feststeht, dass sie aus dieser Epoche herrühren. Es kommen hierbei besonders die Vie de Saint Alexis, die Chanson de Roland und der Computus von Philipp von Thaün in Betracht; die Vie de Saint Alexis gehört nothwendig der Mitte des 11. Jahrhunderts an (G. Paris, Vie de Saint Alexis p. 45), die Chanson de Roland muss spätestens den ersten 20 Jahren den 12. Jahrhunderts angehören, da zwischen den Jahren 1131—1133 schon eine deutsche Umarbeitung derselben verfasst ist (Bartsch, Rolandslied. Leipzig 1874 p. XII), und der Computus wurde zwischen den Jahren 1100—1120 gedichtet. (Mall, Cumpoz, p. 24.) Es ist klar, dass je mehr wir Analogieen im Sprachgebrauche unseres Gedichtes mit einem der genannten finden, es desto weniger zeitlich und räumlich von ihm getrennt sein kann.

Bei der anzustellenden Untersuchung sind wir fast ausschliesslich darauf angewiesen, zu beobachten, wie die Elision und die Assonanzen in unserm Gedichte behandelt werden. Aus dem Gebrauche der Elision können wir schliessen, welche Silben von dem Autor des Charlemagne noch gesprochen wurden, und welche bereits verstummt waren; aus der

Beobachtung der Assonanzen können wir Rückschlüsse machen auf die wahrscheinliche Aussprache der einzelnen Vocale und Diphthonge.

Bei der Beobachtung der Elision kommen natürlich nur solche Worte in Betracht, in denen der zu elidirender Schlussvocal nicht von Anfang an der Elision unterworfen war, sondern es erst in Folge einer fortschreitenden Abschwächung wurde. Dies ist zunächst der Fall bei dem Endvocale von li, dem Artikel des Nom. Das i von li wird in der Vie de Saint Alexis noch nicht elidirt, in der Chanson de Roland dagegen findet sich dessen Elision bereits sehr häufig. (G. Paris Alexis p. 32. Löschhorn: Zum Normannischen Rolandsliede. Diss. Leipzig 1873 p. 6.) Man bemerkt dieselbe Schwächung des i auch im Computus (Mall, Li Cumpoz etc. p. 33) und auch unser Gedicht zeigt bald den Artikel in seiner vollständigen Form, bald der Elision unterworfen. Li steht im Hiatus in folgenden Versen:

159. E dist *li* emperere: „Cin cenz merciz de Deu".
306. Respont *li* emperere: Jo sui de France net".
360. *Li uns* regardet le altre ensement cum en riant.
375. L'un halt, *li altre* cler: „mult feit bel a oir".
384. Mult fut gres *li orages* e hidus e costis.
390. E dist *li uns* a l'altre: „Mal sumes entrepris".
448. E dist *li un* a l'altre: „Veez cum grant bealtet".
518. E dist *li* emperere: „Ore gaberat Ogers".
531. E dist *li* emperere: „Gabez, Naimes li dux".
541. E dist *li* empereres: „Gabez dan Bérenger".
553. E dit *li* empereres: „Sire Bernard gabez".
579. Ço dist *li* emperere: „Gabez sire Aimer.
591. „Gabez sire Bertram", *li* emperere a dit.
608. Me culchez dous deners, que *li uns* seit sur l'altre.
841. E dist *li* emperere: „Tut iço lasset ester".

Manchmal elidirt der Schreiber, wo der Vers Elision nicht zulässt; z. B.:

847: E dist *l'*emperere: „Si cum vus cumandez"

wo man lesen muss:

E dist *li* emperere etc.

Der Artikel wird dagegen elidirt:

67. „Seignors", dist *l'*emperere, „un petit m'entendez".
375. *L'un* halt, li altre cler, mult feit bel a oïr.
602. Gabez, sire G'enin, dist *l'*emperere Carles.
664. „Seignurs", dist *l'*emperere: „mal nus est avenud".
678. *L'*emperere l'entent, leez e joiant en fud.

Ziemlich häufig elidirt der Schreiber nicht, wo der Vers unbedingt die Elision von i erfordert:

5. *Li* em*pereres reguardet la reine sa muillers.
76. *Li* em*perere* de France feit cunreer sa gent.
98. Ore vait *li* em*perere* od ses granz cumpainies.
120. *Li* em*perere* s'asist, un petit se reposet.
145. *Li* em*perere* le vit, si est encuntre lui levet.
206. Demeinent grant barnage, car *li* em*perere* est riche
214. *Li* em*perere* de France i out tant demuret.
368. E tant cum *li* em*perere* cele parole had dit.

Im Allgemeinen sind die Fälle, in denen der Hiatus zugelassen wird, etwas zahlreicher, als die, wo er getilgt wird. Ungefähr dasselbe Verhältniss findet in der Chanson de Roland und im Computus statt. Diese drei Gedichte befinden sich demnach in Betreff des Verfalles des i von li auf derselben Uebergangsstufe. Da man indess die Erhaltung dieses i auch noch in weit späteren Texten ziemlich häufig findet, kann man aus dieser gleichmässigen Behandlung von li weiter nichts folgern, als dass unser Gedicht nicht jünger als die Chanson de Roland oder der Computus zu sein braucht. — Der Artikel des Plural li hat sein i in allen drei verglichenen Texten immer erhalten. Da auch die übrigen Casus des Artikels in allen verglichenen Gedichten gleich behandelt sind, kann uns die Beobachtung ihrer Behandlung keinerlei Auskunft über das Alter des Charlemagne ertheilen.

Zu bedeutsameren Schlüssen gelangen wir durch die Beobachtung der Behandlung von jo, der 1. p. sing des pron. pers. Jo wird in der Vie de Saint Alexis noch nicht elidirt, im Roland hingegen findet man neben häufigen Fällen, wo es ebenfalls noch nicht elidirt wird, nicht selten auch Beispiele von Elision. (G. Paris: Alexis p. 38, Löschhorn: Zum normannischen Rolandsliede p. 8. Hill: Ueber das Metrum in der Chanson de Roland. Diss. Strassburg 1874 p. 18.) Im Computus wird jo nicht elidirt (Mall: Li Cumpoz p. 33). In unserem Gedichte begegnet man zunächst drei Fällen, wo weder der Text noch der Rhythmus die Annahme einer Elision gestatten:

151. Sire, jo ai nun Karles, si sui de France neez.
14. Uncore en sa jo un ki plus se fait leger.
51. Par mun chef, dist Carle, co sauerai-jo uncore.

In dem letzten Verse ist saverai zweisilbig, indem der Schreiber häufig e nach u einschaltet, um den Ton von v auszudrücken.

In dem Verse 307:

Jo ai a nun Carlemaines, Rolland si est mis nes

muss das a vor nun getilgt werden; der Gebrauch von a nun für den einfachen Accusativ in der Redensart aveir nun (avoir nom) scheint erst in ziemlich später Zeit eingetreten zu sein, sich aber dann einer besonderen Pflege erfreut zu haben. Im Alexis, sowie in der Oxf. Handschrift der Chanson der Roland und in den Quatre Livres des Rois findet sich nur aveir num (Alexis 4 a, 7 a, Rol. 1188, 1213, 1235, 3094. Q. L. R. p. 1, 28, 29, 62, 63 etc.) Die Texte ziemlich später Handschriften des Computus zeigen im Gegentheil eine grosse Vorliebe für den adverbialen Ausdruck a nun, man findet denselben in ihnen öfter, wo der Vers seine Erhaltung nicht gestattet. (358 qua ad a non S; 744 anun AS, anon L; 1441 ad anon L.) Philippe von Thaün selbst scheint ebenfalls die Formel aveir a nun noch nicht gekannt zu haben; man findet im Computus auch nicht eine Stelle, wo sie angewandt wäre. (cf. v. 55. 365. 457. 723. 992. 1014. 1042. 1062. 2100. 2414. 3329. ed. Mall.) Da sonst nur die Redensart aveir nun in unserem Gedichte vorkommt (v. 151), kann man wol auch in ihm dass a nun dem Einfluss des Schreibers zuertheilen. Jo findet sich ausserdem nur noch in einem Verse vor einem Vocale v. 407:

Ka jo en freie pus tutes mes voluntez.

Dieser Vers bietet anscheinend keine Schwierigkeit; allein man darf die Form freie nicht für zweisilbig ansehen; das Futurum von faire, ferai, obgleich in unserer Handschrift immer frai [1]) geschrieben, bildet doch in allen Versen, in denen es in unserm Gedichte erscheint, zwei besondere Silben. Doch kann in dem citirten Verse das Wort ka (verstümmelt aus kar = car) nicht bewahrt werden; der Gebrauch dieser Partikel zu Anfang des Hauptsatzes eines hypothetischen Satzgefüges ist einfach unmöglich. Wir können sonach mit ziemlicher Sicherheit behaupten, dass im Charlemagne das o von jo vor Vocalen überall erhalten. Die Sprache unseres Gedichtes hat also hier einen alterthümlicheren Charakter, als die Chanson de Roland.

Schwieriger zu entscheiden ist die Frage, ob das o von dem Neutrum des Demonstrativ-pronomens ço in unseren Gedichten gleichmässig behandelt wurde, oder nicht. In den Manuscripten des Alexis, der Chanson de Roland, sowie in dem des Charlemagne ist das o von ço in der Schrift niemals elidirt. Nichts destoweniger ist die Frage über die Aussprache von ço complicirt. In unserem Gedichte wie im Alexis findet sich nur je éin Fall, wo das o von ço scheinbar der Elision unterworfen ist. In beiden Füllen steht ço vor dem Worte est. Diese Worte zählen im Charlemagne nur für eine Silbe in v. 376:

Ceo est avis qui l'ascute qu'il seit en parais.

Man kann die Verschmelzung der beiden Silben ço und est durch Elision von o (c'est) oder durch Aphaerese von e von est (ço'st) er-

---

[1]) Michel schreibt v. 42 ferai, die Handschrift hat auch hier frai. Die Verse, in denen frai zweisilbig erscheint, sind: 42. 136. 164. 468. 556. 587. 724. 760.

klären. Gautier hält das o von ço nur für eine andere Bezeichnung des Lautes e und verlangt, dass man c'est lese. (Chans. de Rol. ed. Gautier p. XLVIII. Anm. Romania II, 260.) Löschhorn nimmt an, dass in den Versen, wo ço est nur eine Silbe bilden, man eine Art Diphthong annehmen müsse (coest) (Zum norm. Rolandsl. p. 12), Hill theilt diese Fälle in zwei Arten: in solche Fälle, wo ço betont ist, und in solche, in denen es tonlos ist. Für letztere nimmt er die abgeschwächte Form ce est = c'est an, während ço bei betonter Silbe im Hiatus erhalten bleiben soll (Hill: Ueber das Metrum in der Ch. d. Rol. p. 16). G. Paris lässt keine dieser Erklärungen zu; für den Alexis nimmt er die Aphaerese des e von est an (co'st), indem er sich darauf beruft, dass die aphaerirte Form 'st sich in diesem Gedichte auch anderwärts finde (V. d. S. Al. p. 33); die Chanson de Roland betreffend erklärt er an derselben Stelle, dass man daselbst Elision des o von ço annehmen müsse, da man in ihr auch o vor andern Worten elidirt fände, wo es sich nicht um Aphaerese handeln kann. Als Beispiele führt G. Paris an die Verse V. 77 (Ausg. Müller) de ço avum nus asez, XX. 277 ço est Guenes mis parastre und CLXXXVIII 2368 li angeles Deu ço ad mustret al barun. Indessen scheint G. Paris seitdem seine Meinung geändert zu haben. In seiner Besprechung der Hill'schen Dissertation sagt er wörtlich: „Mais je ne suis pas convaincu par ses raisonnements que quand ço est compte pour une syllabe, il ne faille pas lire co'st. La faiblesse de l'e initial de est est attestée par les formules u'st, ja'st, ki'st, que cite M. H. lui même, et je crois que dans la collision de est avec ço, l'o de ço était plus solide. Je ne regarde pas non plus impossible ço'rt pour ço ert au v. 277". (Romania 1874 p. 399.) Im Computus findet sich ço ebenfalls häufig im Hiatus und zwar selbst vor est. Doch ist auch Elision zugelassen; in den Manuscripten findet man sogar schon die Form cest. In den Fällen, wo ço sich vor andern Worten findet, kann man zweifelhaft sein; die Manuscripte des Computus elidiren niemals vor en und ert und es findet sich auch kein sicherer Fall, wo die Elision durch das Versmass gesichert wäre (Mall, Cumpoz p. 33).

Die Frage ist indess nicht ganz so complicirt, wenn man sich erinnert, dass ço auf lateinisches hŏc zurückgeht, das o von ço also auf lateinischem ŏ beruht.[1]) Dieses ŏ hat im Alexis wahrscheinlich noch seine ursprüngliche Aussprache bewahrt (G. Paris: Alex. p. 69 ff.);

---

[1]) Dass im Volksmunde des nördlichen Galliens das Neutrum von hic nicht hŏc, sondern hŏc gesprochen wurde, ersieht man aus den Formen avuec und poruec, deren letzte Silbe nur auf lat. hŏc zurückgehen kann.

in der Chanson de Roland hingegen hat die Aussprache des ŏ bereits eine Veränderung erlitten; man findet in ihr bereits zwei Tiraden auf oe (aus ö), unvermischt mit anderen Worten auf o (Müller, Ch. de Rol. XXII. und CCLXIX). Es ist nicht abzusehen, warum nicht auch das betonte ŏ von ço dieselbe Veränderung erfahren hätte, selbst wenn man auch nur äusserst selten der Schreibung cue oder coe begegnet. Der von den alten Texten durch ue, oe, manchmal auch durch eo ausgedrückte Laut war sicherlich der des deutschen ö. Dass dieser Laut auch für das o von ço in einer gewissen Zeit eingetreten ist, darauf scheint die namentlich in anglo-normannischen Denkmälern häufig vorkommende Schreibung ceo hinzudeuten. Man kann das e von ceo nicht für eingeschoben betrachten, um den Laut ç auszudrücken; wäre dies der Fall, so könnte man nicht begreifen, warum man nicht auch schon in den ältesten Denkmälern dieser Schreibung begegnet, da doch auch in ihnen das c den Laut von ç gehabt haben müsste. Noch weniger wäre diese Erklärung zulässig, wenn wir mit Joret annehmen wollen, dass das c vor e und i im normannischen Dialecte eben so wol wie im picardischen den Laut ch (= tsch) hatte, dass aber in den Fällen, wo folgendes e aus lateinischem a herrührte, c seinen ursprünglichen Laut k beibehielt. In diesem Falle, wo c vor e bald wie k bald wie ch lauten könnte, wäre das eingeschobene e gar kein Kriterium für die Aussprache des vorangehenden c gewesen. Wir finden ferner die Form ceo nur in Texten, wo der Uebergang des lateinischen ŏ zu ö bereits stattgehabt haben musste. Es ist somit wol anzunehmen, dass die Schreibung eo in der That nur an Stelle des gewöhnlichen ue oder oe getreten ist; die Umstellung des oe zu eo ist vielleicht dadurch zu erklären, dass man eine Verwechselung des ço mit dem Worte coe oder cue (cauda) vermeiden wollte. Doch war diese Umstellung nicht einmal unbedingt nothwendig, wie die Formen coe für ço in der Handschrift C des Computus v. 104, und in einer Handschrift des Bestiaire von Guillaume le Clerc (Besant de Dieu hg. v. E. Martin, Einl. p. XXIV. v. 22) beweisen. Dass die Schreibung coo sich namentlich in anglo-normannischen Texten einer besondern Beliebtheit erfreut, erklärt sich sehr wol dadurch, dass für die Angelsachsen sowol, als auch im ältesten Englisch die Lautgruppe eo wahrscheinlich nichts anders, als den Laut unseres ö ausdrückte. Für den Laut des eo in ceo = ö spricht ferner noch die Schreibung ceu, die man namentlich in burgundischen Denkmälern häufig antrifft. (Burguy, Grammaire de la langue d'oïl. I p. 157.) Die Umkehrung von eu und ue ist in diesem Dialect sehr häufig, und Worte mit ue und eu geschrieben reimen zusammen. (Burguy, Gr. d. la l. d'oïl I, p. 25.) Für unsere Annahme spricht endlich noch die analoge Behandlung von jo.

Diez scheint dies Wort aus lateinisehem égo ableiten zu wollen, dessen g im Inlaut verloren gegangen sei. Wenigstens nimmt derselbe für die Eide und das Fragment v. Valenciennes die Aussprache éo und ío an. Dieses i oder e hat sich dann nach ihm diphthongirt und so entstanden die Formen iéo und jéo. (Diez, Grammatik der romanischen Sprachen II³, p. 106.) Diese Erklärungsweise des Ueberganges von lateinischem ego zu späterem französischen jé oder gié erscheint unberechtigt. Wir müssen vielmehr für das Vulgärlatein die Aussprache egó annehmen, aus égo hätte nur ei oder iei werden können, da das auslautende o nach der Accentsilbe sich unmöglich halten konnte. Dass letzteres nicht der Fall war, zeigt uns die Schreibung der ältesten Denkmäler io und eo, sowie das spätere jo auf das deutlichste. Das ursprünglich anzusetzende egó, später eió, verlor sodann sein e vor der Tonsilbe, und so entstand die vollständig correcte Form der Eide und des Fragment von Valenciennes ió. (Das eo in den Eiden ist für eine latinisirende Form des deutschen Schreibers anzusehen.) Das anlautende i von io verdichtete sich mit der Zeit zu j (= dsch) und so entstand die Form jo des Alexis und wahrscheinlich auch des Charlemagne.[1]) Das ŏ von jo erlitt sodann dasselbe Schicksal, wie überhaupt das lateinische ŏ, und wir müssten demnach auch hier für das Ende des 11. oder den Anfang des 12. Jahrhunderts eine Form joe oder jue erwarten. Statt dessen begegnen wir wiederum nur den Formen jeo und jeu. Man hat vielleicht auch hier die Verwechslung mit dem ähnlich klingenden Worte jue oder joe (= gabbata) vermeiden wollen. Wenn man in späteren Denkmälern je, gie oder ge in Reimen auf é oder íé begegnet, so ist dies nur eine Weiterentwicklung des durch den ö-Laut durchgegangenen o von jo. Nach dem g oder j von je oder ge musste sich ebensowol aus einfachem e der Diphthong ié entwickeln können wie überhaupt nach g, und es ist deshalb nicht nöthig, hierbei an eine Diphthongirung des ursprünglichen i von io zu denken.

Lässt man die Aussprache çö für das Neutrum des Demonstrativpronomens zu, so hat es nichts Erstaunliches, wenn wir das ö von çö zunächst vor e elidirt werden sehen; der Gleichklang des ö mit dem darauf folgenden Vokal e machte diese Elision fast unvermeidlich. Allmählich gewöhnte man sich an die Elision des ö von ço dermassen, dass man es schliesslich auch vor andern Vokalen zu elidiren begann.

---

[1]) Vielleicht ist auch für die Eide schon die Aussprache jo anzunehmen. Die Accentuirung des Psalters im Trinity College, auf die Diez sich stützt, um die Aussprache jo zurückzuweisen (Altrom. Sprachdenkm. p. 13), ist zu wenig zuverlässig, um aus ihr irgend welche sichere Schlüsse ziehen zu können. Vgl. íceste, gloríe, críerai. Charlemagne, Prf. XXXIII.

Man wird daher wol mit Recht für die Chanson de Roland, in der lateinisches ŏ bereits seine ursprüngliche Aussprache verloren hat, in allen Fällen Elision des o von ço annehmen müssen, hingegen hat G. Paris Recht, wenn er für den Alexis noch die ältere Aussprache cost vorzieht. Die eben angestellten Beobachtungen werfen indess kein Licht auf die Behandlung des o von ço in in unserm Texte. Ausser in dem oben citirten Verse findet man in demselben ço nur noch einmal vor einem Vocale, nämlich v. 139:

Par le men escientre! ço est meimes Deus.

Hier kann das o von ço nicht elidirt werden. Um zu wissen, wie wir das o in dem andern Verse zu behandeln haben, müssten wir zunächst feststellen, ob das lateinische betonte ŏ in unserm Gedichte seinen ursprünglichen Laut bereits verloren hat, oder nicht. Die Assonanzen des Charlemagne geben uns hierüber keinen Aufschluss. Man findet nur einmal bon in einer Tirade auf ó (v. 505); aber das Schicksal des lat. ŏ war bekanntlich ein anderes vor einem Nasenlaute, als vor den übrigen Consonanten oder in einer offenen Silbe (Mall, Campoz p. 49). Der Text selber kann uns noch weniger aufklären; die Orthographie des Schreibers ist viel zu unregelmässig, als dass man irgend ein sicheres Resultat aus ihr gewinnen könnte. Es bleibt nur übrig zu constatiren, dass das Original des Schreibers wahrscheinlich noch dieselbe Orthographie befolgte, wie die Texte des Alexis und des Oxf. Manuscriptes der Chanson de Roland, und dass man auch hier keinen Grund hat, den Charlemagne einer späteren Zeit anzuweisen, als die mit ihm verglichenen Gedichte.

Einen dem erwähnten analogen Fall bietet uns die Beobachtung der Conjugation. Ursprünglich verloren die dritten Pers. sg., die auf lateinisches unbetontes at zurückgehen (Praes. ind. und conj.) ihr t nicht, auch nachdem a bereits zu tonlosem e übergegangen war. Wir finden diesen Thatbestand noch im Alexis in voller Kraft. Anders ist es bereits in der Chanson de Roland. In dieser finden wir von 60 Fällen, wo die Endung et vor einen Vocal zu stehen kommt, bereits 20, wo das e von et der Elision unterworfen ist, t also aus der Aussprache geschwunden sein musste. (Hill: Ueb. d. Metrum im Rolandsliede p. 24 ff. G. Paris in der Romania 1874 p. 399.) Der Computus zeigt dieselbe Schwächung der 3. P. sg., obgleich seltener, als die Chanson de Roland. Das t ist in diesem Gedichte bereits so schwach, dass es im Reim beliebig vernachlässigt werden kann. Innerhalb des Verses dagegen erhält es sich noch 10 Mal vor einem Vocale, zweimal dagegen wird es elidirt. Im Bestiaire des Philipp von Thaün, der ungefähr

20 Jahre jünger ist, als der Computus, ist die Elision des t noch häufiger (Mall, Cumpoz p. 21). Der Charlemagne hat nur ein einziges Beispiel von Elision, dagegen finden sich in demselben sechs Fälle, wo et vor Vocal im Verse zählt. Ich citire die hierher gehörigen Verse:

> 319. Li reis mun*tet al* mul, si s'en vait l'amblure.
> 568. Sin fa*cet en* calderes tutes ensemble fundre.
> 569. E pren*get une* cuve que scit grande e parfunde.
> 641. E por*tet en* sa main un ramisel de olive.

In dem Verse 793:

> Ro en*tret eu* sun cancl: les rives en sunt pleines

ist das Wort reentret zweisilbig. Der Vers:

> 2. Reout prise sa corune, en croiz seignat sun chef

zeigt uns, dass in unserm Gedichte das Präfix re vor einem Vocale keine besondere Silbe mehr bildete. Die Formen der Vie de Saint Léger: ralet, ralat und ralgent, die des Alexis; ralerent 121e, ralumer 124e und die des Roland: ralier 1131, ralient 3525 etc. bestätigen uns zur Genüge, dass das e von re vor Vocal frühzeitig verstummt sein muss. In dem Verse:

> 697. Mais fail*le(t) une* sule feiz par sa recreantise

ist das Wort sule interpolirt. Der Rhythmus des Verses wäre auch dann nicht hergestellt, wenn man das e von faille elidiren wollte; die Weglassung des überflüssigen sule hingegen hebt die Unregelmässigkeit des Verses sofort auf. Der Vers:

> 477. Ke le un ne fer*ge a l'*altre par le vent [qui ert] si bruant

ist der einzige, wo man die Elision des e von et zugeben muss. Die offenbar corrumpirte Gestalt dieses Verses macht allerdings auch noch diesen Einen Ausnahmefall verdächtig.

Die bis jetzt gefundenen Thatsachen ergeben uns folgende Resultate: Einerseits muss der Charlemagne bedeutend jünger sein, als die Vie de Saint Alexis wegen der Elision des i von li und des e von et, selbst wenn man von letzterer auch nur ein einziges Beispiel antrifft; andrerseits zeigt die Sprache unseres Gedichtes eine ungemeine Verwandtschft mit der des Roland und des Computus, jedoch nicht ohne in einigen Zügen alterthümlicher zu sein, als das eine oder das andere dieser beiden Gedichte. (Die Erhaltung des o von jo findet sich nur noch im Computus, die Elision des e von et ist in ihm wie im Roland vorgeschrittener als im Charlemagne.) Wir werden bald sehen, dass die Ergebnisse, zu denen wir durch die Untersuchung der Assonanzen gelangen, mit den bereits gewonnenen in vollem Einklange stehen.

Vor Allem lehrreich ist bei Vergleichung der Assonanzen unserer

Gedichte die Beobachtung der Behandlung des Diphthonges ai und ei. Man findet in den ältesten Gedichten ai (betont ái) oft in Assonanzen auf a. Auch im Alexis, der keine Strophe auf a enthält, finden sich in den Strophen auf a . . e noch zwei Worte, in denen man den Diphthong ai erkennen kann. Ausserdem begegnet man in den zahlreichen Strophen dieses Gedichtes auf è keinem einzigen Worte mit diesem Diphthong. (Paris: Alexis p. 38.) Anders ist es mit der Chanson de Roland. In ihr hat ai bereits seinen ursprünglichen Klang verloren, und ist in den Laut des è übergegangen. Die Sprache des Roland ist jedoch hierin noch nicht ganz bestimmt, man findet einerseits ai häufig mit a reimend, andrerseits aber, und noch häufiger, wird ai mit ei und è gebunden. (G. Paris, Alexis p. 38, Löschhorn, Z. norm. Rol. p. 24.) Im Computus sowie im Bestiaire, findet sich nur je ein Fall, in dem ai auf ei reimt. Dagegen begegnet man im Computus drei Fällen wo ai mit è reimt; ei ist noch ganz rein und reimt mit keinem andern Vocal oder Diphthong. (Mall, Cumpoz p. 59. 60.) Der Charlemagne ist derselben Sprachstufe zuzuweisen, wie der Alexis. Man sieht in ihm ai häufig in Tiraden auf a, dagegen findet sich kein einziger sicherer Fall, wo ein Wort mit è auf ai reimte. Tiraden auf è finden sich in unserm Gedichte nicht; die einzige Tirade auf ai ist ganz rein:

p. 21. gaberai, mais, at, essai, fais, prendrai, palais, abatrai crerai, fait, dirrai.

In der einen Tirade auf a, die sich im Charlemagne befindet, begegnen wir zwei Worten auf ai:

p. 32. gas, recumencerat, Bernard, vantat, val, canal, parz, pa*lais*, cumandereit (= cumander*ait*).

Eben so findet man in der einen Tirade auf a . . e des Charlemagne ein Wort auf ai . . e:

p. 25. Carles, altre, place, carges, alne, marbre, altre, large, garde, abatre, altre, ates?, sale, *abaiset*, altres, huntage.

Eine ähnliche Erscheinung findet sich auch in den Fällen, wo a vor einem Nasal zu stehen kommt. Wir begegnen in der Tirade auf an p. 4 dem Worte plain v. 93, ebenso assoniren p. 12 die Worte main (v. 286 und 295) und grizain (v. 294) auf an, und p. 19 nochmals plain auf an (v. 472). Dieselbe Erscheinung finden wir nur noch in der Chanson de Roland. (cf. XXI, 285; CCXCVI, 3965; XLIII, 559; LXXVII, 941; XCII, 1158; CCXXXV, 3194, Ausg. Müller.) In allen späteren Dichtungen bilden ain und an besondere Reime, und ain kommt nur noch mit ein, nicht aber mit an gebunden vor.

Eine auffällige und scheinbar der bisher gefundenen Reinheit des Diphthonges ai widersprechende Tirade ist die auf Seite 33 befindliche:

Desur un pin antif est Carlemaines,
Il e li duze per, le gentes cumpaines.
Ot lu rei Hugun sus en la tur deplaindre,
Sun tresur li durat, sil cundurat en France,
E devendrat ses homes, de lui tendrat sun *regne*.
Quant l'entend l'emperere, pitet en a mult grande;
Envers humilitet se deit-eom ben cnfraindre;
E priet a Jhesu que celo ewe remaignet.
Deus i fist grant vertut pur amur Carlemaigne.
E'eve ist de la citet, si s'en vait par les plaines,
Reentret en sun canal: les rives en sunt *pleines*.
Des put ben li reis jus de la tur *decendre*,
E vint a Carlemáine desuz l'umbre d'une *ente*:
„A feiz! dreiz emperere, jo sai ke Deus vus aime,
Tis hom voil devenir, de tei tendrai mun regne,
Mon tresor te durrai, si frai amener en France".
„Volez-en mais des gas, sire?" dist Carlemaine.
E dist Hugun li Forz: „Ne de ceste semaine,
Si tuz sunt aampli, ja ne ert jur ke ne me plaigne."
v. 783—802.

Wir finden hier aine, an..e, en..e, und è..e bunt durch einander gereimt. Doch ist diese Unordnung nur eine scheinbare. Was zunächst das auffällige regne anlangt, welches sich hier in éiner Tirade mit France und grande befindet, so scheint dies Wort eine doppelte Aussprache gehabt zu haben. Hierauf deutet die neben der gewöhnlichen Schreibung öfters vorkommende Form raine (Burguy, Gr. de la l. d'oil. III p. 318 ad verb. regne). Es wird dieses Wort mit dem Worte femme, welches wir ebenfalls bald mit a..e, bald mit è..e reimen sehen (z. B. in dem Stück De Monacho in flumine periclitato in Michel's Chronique des ducs de Normandie: fame: Dame p. 512, p. 540. 545. 551; fame: ame p. 528; dagegen gemme: fame p. 526) in gleiche Categorie zu stellen sein. In der That findet man auch beide Worte gern im Reime zusammengebracht (z. B. Renoît: Chronique des Dues de Normandie I. 1836, 2110. II. 8234. 11407. 20610. 22855. 24466 etc.). Es wäre somit dies regne nichts ungewöhnliches, und man hatte seinetwegen nicht nöthig, für die mit ihm assonirenden Worte den Laut è..e anzusetzen.[1]

---

[1] Da die Form raine nur in Texten sich findet, wo ai bereits die Aussprache è hatte, kann man nicht mit Gewissheit sagen, ob wirklich die Aussprache ranie oder raine für dieses Wort existirt hat. Lässet man letztere Aussprache für dasselbe nicht zu, so muss man trotz des genau übereinstimmenden ríki der Karlamagnus Saga hier emendiren, da règne oder renne nicht mit France und grande assoniren kann. Es empfiehlt sich dann, an beiden Stellen das alterthümliche und sehr gut passende marche in beiden Versen einzusetzen. Vergl. Ch. de Rol. XX. 275. LXVIII, 839. CCLXXIV, 3716.

Die zweite in unsere Tirade nicht passende Form ist pleines. Auch dieses Wort kann unmöglich mit France und grande in ein und derselben Tirade zusammenstehen. Dagegen kann man sehr wohl die drei Verse 793 ff.:

> Reentret en sun canel: les rives en sunt pleines.
> Des put ben li reis jus do la tur decendre,
> E vont a Carlemaine desuz l'umbre de une ente

als eine besondere Tirade ansehen, und so die ganze oben angeführte Versgruppe in drei gesonderte Tiraden (an..e; en..e; an...e) zertheilen. Die Kürze der so entstehenden Tiraden, kann nicht auffallen, da in unserm Gedichte auch anderwärts selbst zweizeilige Tiraden sich finden. Dass in pleines ein..e mit en..e assonirt, ist nicht ohne Analogie; in einer Tirade der Chanson de Roland finden wir in gleicher Weise ceintes in einer Tirade auf en..e (CCLXVI, 3601). Auch durfte man schon a priori schliessen, dass in einem Gedichte, wo áin noch mit an reimt, auch éin noch mit en gebunden werden durfte.[1] Dass ei in unserm Gedichte noch nicht è klang, sondern seinen rein diphthongischen Laut bewahrt hat, zeigen uns die beiden in ihm vorkommenden Tiraden auf ei:

p. 30 rei, feiz, curteis, rei, crendrez, aveir, hunisez (= hunisieiz?), seit, rei, aveir, fei, feiz, reis, requeit, feiz, reis, reis, seeit, crei, veir. p. 10 priz (= preis), despeit, fei (statt sa fei si l'en plevit muss man lesen: si l'en plevit sa fei), aver, remaner, fei, sei.

Dieselben sind, wie man sieht, vollkommen rein, und es findet sich unter ihnen kein Wort mit dem Laute è. Unser Gedicht befindet sich demnach in der Behandlung der beiden Diphthonge ai und ei noch auf der ältesten Sprachstufe und ist hierin alterthümlicher als die Chanson de Roland und der Computus.

Eine zweite Alterthümlichkeit unseres Gedichtes ist, dass wir in der Tirade auf ei von Seite 30 crendrez noch (= crendreiz, tremere habētis) finden. In der Vie de Saint Alexis begegnet uns dieser Fall nicht mehr. Die Worte trovereiz, quereiz, attendeiz, obgleich in den ältesten Handschriften noch mit ei geschrieben, reimen daselbst bereits nur mit é (G. Paris, Alexis p. 120). Doch findet sich dieselbe Eigenthümlichkeit, dass Verbalformen der 2. P. pl., denen ursprünglich die Endung eiz zukommt, noch auf ei reimen, auch in der Chanson de Roland und im Computus (G. Paris, Alexis p. 120, Mall Cumpoz p. 109). In noch späteren normannischen Denkmälern verschwindet diese ältere

---

[1] Ich setze hier natürlich voraus, dass für den Autor des Charlemagne en nicht den Laut von an hatte. Dass dies der Fall war, wird man weiter unten sehen.

Endung eiz gänzlich, und die 2 P. pl. aller Verba und Tempora lautet unterschiedslos ez. Die Betrachtung der Assonanzen unseres Gedichts führt uns somit zu einem ähnlichen Ergebniss, wie die Untersuchung seines Versbaues. Auch hier hat der Charlemagne verwandte Erscheinungen, wie die Chanson de Roland und der Computus (crendrez: ei), zeigt aber andrerseits eine grössere Alterthümlichkeit als letztere beiden Gedichte (Reinerhaltung von ái und éi). Unser Epos, obgleich viel jünger, als der Alexis, wie wir oben gesehen haben, wird demnach in eine etwas frühere Zeit zu versetzen sein, als der Computus und die Chanson de Roland. Der Computus ist, wie Mall mit ziemlicher Sicherheit festgestellt hat, zwischen den Jahren 1100—1120 entstanden. Die Abfassung des Chanson de Roland wird gewöhnlich in eine etwas frühere Zeit versetzt, und man beruft sich zur Begründung dieser Ansicht insgemein darauf, dass dies Gedicht noch in Assonanzen geschrieben ist, während der Computus bereits gereimte Verse zeigt. Dieser Ansicht scheint zu widersprechen, dass wir im Roland mehrfach jüngere Formen gefunden haben, als in dem Computus (Die Abschwächung des o von jo, der weiter vorgerückte Uebergang des ai und ei zu dem Laute è); doch mag man hiergegen anführen, dass in der Chanson de Roland, einem eminent volksthümlichen Gedichte, die volksmässige Aussprache einiger Laute weit leichter Eingang finden musste, als in der Kunstdichtung des Computus. Trotzdem wird man schwerlich die Abfassungszeit des Chanson de Roland in der Gestalt, wie wir sie kennen, viel vor das Ende des 11. Jahrhunderts ansetzen können, es ist sogar viel wahrscheinlicher nach den von uns bemerkten Spracherscheinungen, dass auch dieses Gedicht erst in den ersten Jahren des 12. Jahrhunderts entstanden ist. Wie dem auch sein mag, jedenfalls ist sicher, dass unser Gedicht, welches sich auf einer älteren Sprachstufe befindet, als der Computus und die Chanson de Roland, nur dem Ende des 11. Jahrhunderts angehören kann. Es ergiebt sich zugleich von selbst, dass je früher man die Abfassung des Roland fallen lässt, man um desto weiter auch den Termin der Abfassung des Charlemagne zurückversetzen muss.

Ausser den bereits gefundenen linguistischen sprechen noch eine Menge anderer Gründe für das hohe Alter unseres Gedichtes. Zunächst duldet schon das rhythmische System des Charlemagne nicht, dass man es in eine viel jüngere Epoche versetze. Man findet wohl auch später noch assonirende Gedichte, in keinem anderen aber, ausser etwa der Chanson de Roland, sind die Assonanzen so alterthümlich, als in dem unsrigen. Die Tiraden sind in ihm noch ungemein kurz, ihre mittlere Verszahl, beträgt gleich der im Roland, etwa zehn. Später werden die

Tiraden der Chansons de geste bedeutend länger, und man findet schon in der Mitte des 12. Jahrhunderts welche aus Hunderten von Versen bestehend. Dass in unserem Gedichte bereits der Alexandriner angewandt ist, beweist eben nur, dass derselbe bedeutend früher bekannt war, als gewöhnlich angenommen wird. Es ist deshalb nicht ausgeschlossen, dass er in umfassenderer Weise in dem Roman d'Alexandre zum ersten Male angewandt worden ist und durch die einflussreiche Stellung dieses Epos gewissermassen erst Bürgerrecht erhalten hat. Uebrigens findet sich das gleiche Versmass, fälschlich allerdings, aber dennoch ziemlich häufig, auch bereits im Roland. Der Styl des Charlemagne ist noch ganz alterthümlich, einfach und bestimmt; die Sprache versteht noch nicht Perioden zu bauen; die Sätze folgen coordinirt aufeinander, sind kurz, und ungehemmt durch müssige Bindewörter. Der Gebrauch der subordinirenden Modi ist noch selten. Nirgends begegnet man jenen Flickwörtern und eintönigen Formeln, die sich in der Sprache der späteren epischen Dichtungen so breit machen. Die Erzählung schreitet rasch und lebhaft vorwärts. Man findet nichts von der Vorliebe für umfangreiche und detaillirte Schilderungen und Ausmalungen, die selbst in den besten Dichtungen des 13. Jahrhunderts wahrnehmbar ist. Selbst die scherzhaftesten und ausgelassensten Scenen sind mit einer reizenden Naivetät vorgetragen, mit einer ursprünglichen Anmuth und Grazie, mit welcher der sarkastische und höhnende Ton, den man selbst in einigen der ältesten fabliaux bereits durchdringen sieht, nichts gemein hat. Trotz der lächerlichen Lage, in die Karl durch sein eigenes Verschulden gerathen ist, ist seine Figur mit Würde gezeichnet. Wie in allen Epen der ältesten Classe des karolingischen Sagenkreises, wird er als unumschränkter Gebieter vorgeführt, neben dem seine Paladine nur eine secundäre Rolle spielen. Das „contenant fier", welches auch die Chanson de Roland ihm zuschreibt, ist meisterhaft in der schönen Stelle illustrirt, wo der in die Kirche von Jerusalem eintretende Jude Karl für den Erlöser selber hält und zum Patriarchen eilt, um ihm von diesem Wunder Mittheilung zu machen. Viele andere Züge hat unser Gedicht mit der Chanson de Roland gemeinschaftlich. Wie in diesem Gedichte Karl der Grosse durch vorbedeutungsvolle Träume im voraus von dem ihm bedrohenden Unglücksfalle benachrichtigt wird, wird er hier durch einen Traum veranlasst, seine Pilgerfahrt nach Jerusalem anzutreten. Wie im Roland ein Engel erscheint, um Karl von der ihm zu Theil werdenden göttlichen Hülfe zu unterrichten, vermöge deren er in Stand gesetzt wird, sein Rachewerk auszuführen, erscheint auch in unserm Gedicht ein Engel, um ihm den göttlichen Beistand zuzusichern. Endlich bemerkt man auch im Charlemagne jene Abwesenheit des chevaleresken Geistes, welche einen gemeinsamen Zug der ältesten Epen aus dem karolingischen Cyclus ausmacht. Das Betragen Karls gegen seine Gemahlin zeigt nichts von den exaltirten Ideen des Ritterthums, wie sich dieselben unter dem Einflusse der Kreuzzüge ausbildeten. Nicht um ihr zu gefallen, oder in ihrem Auftrage unternimmt er seine Reise, sondern um seinem Wunsche, das heilige Land zu besuchen, nachzukommen, und vor Allem um seiner verletzten Eitelkeit genug zu thun. Ihre Bitten machen nicht den geringsten Eindruck auf ihn. Ebenso wenig wird man sagen können, dass das Benehmen Oliviers gegen die Tochter des Königs von Constantinopel auch nur im geringsten von dem Geiste des späteren Ritterthums angehaucht sei.

Es finden sich sodann in unserem Gedichte zwei directe Hinweisungen, die für sein hohes Alter zeugen. Schon P. Paris in seiner Analyse unseres Gedichtes hat auf dieselben aufmerksam gemacht. (Jahrb. für rom. u. engl. Lit. I p. 98 ff.) Zunächst findet man in der Liste der Reliquien auch die Schale mit aufgezählt, deren sich Christus am Passionsabend bediente (v. 178). Nach der Bekanntwerdung der Graalssage hätte sich kein Dichter mehr gestattet, zu behaupten, dass Karl der Grosse diese Reliquie von dem Patriarchen von Jerusalem erhalten habe. Wie uns aber spätere Prosabearbeitungen derselben Sage schliessen lassen, muss diese Sage schon in der Mitte oder selbst zu Anfang des 12. Jahrhunderts in Frankreich poetisch bearbeitet worden sein. (P. Paris Romnnia 1872 p. 451.) Die umfassendste uns bekannte Dichtung, die sich mit diesem Sagenkreise beschäftigt, der Conte del Graal des Chrestien de Troye fällt allerdings erst nach dem Jahre 1170. In einer andern Stelle unserer Dichtung verspricht Karl der Grosse dem Patriarchen von Jerusalem, er wolle mit den Sarazenen Spaniens kämpfen. (v. 230.) Diese Stelle ist von grosser Bedeutung für die Altersbestimmung des Charlemagne. Unter dem Einfluss der Ideen, die die ersten Kreuzzüge veranlassten, hätte man vielmehr erzählt, der Kaiser habe den Orient von der Herrschaft des Moslemiten befreit. Wir sehen auch in der That, dass eine lateinische Legende, die wahrscheinlich vor Ende des 11. Jahrhunderts verfasst worden ist, Karl dem Grossen bereits die Rolle zuertheilt, das heilige Land von der Unterdrückung der Ungläubigen befreit zu haben.

Es finden sich in unserm Gedichte nur zwei Punkte, die anscheinend der von uns angesetzten Altersbestimmung widersprechen. Der erste derselben ist die Stelle, wo Karl einen Zug gegen die spanischen Sarazenen verheisst, und wo dann die Verse folgen:

    Si fust il pus, car ben en gardat sa fei,
    Quant la fud mort Rollant, e li XII per od sei. v. 231 f.

Man hat aus dieser Stelle schliessen wollen, dass der Verfasser des Charlemagne bereits die Chanson de Roland gekannt haben müsse. Diese Folgerung kann kaum ernsthaft gemeint sein. Die Sage von der Roncesvallesschlacht war schon längst bekannt, noch ehe an die Abfassung der uns bekannten Chanson de Roland gedacht werden konnte, und nichts sagt uns, dass der Dichter des Charlemagne sie gerade aus dieser Fassung derselben gekannt haben müsse. Der zweite Einwand, den man gegen unsere Altersbestimmung des Charlemagne machen könnte, wäre der Umstand, dass unter den Pairs Karls auch Wilhelm von Orenge mit aufgezählt ist. Die übrigen Epen des karolingischen Sagenkreises versetzen seine Lebenszeit unter die Regierung Ludwigs des Frommen. Doch findet sich auch hiervon eine Ausnahme. Der 8. Zweig der Karlamagnus Saga lässt Wilhelm ebenfalls unter Karl dem Grossen leben und sterben. Ein trouvère aus dem Ende des 11. Jahrhunderts konnte es sich ebenso gut beifallen lassen, diesen Helden in die Geste Karl des Grossen mit aufzunehmen, wie ein Dichter des folgenden Jahrhunderts. Es war dies um so eher möglich, als der Verfasser unseres Gedichtes seinen Stoff nicht aus einer ihm bereits vollständig ausgebildet vorliegenden Sage schöpfte, wie wahrscheinlich der der Chanson de Roland, sondern aus der ihm vorliegenden Tradition nur so viel nahm, wie ihm gut dünkte, während der grösste Theil seiner Dichtung aus seiner persönlichen Fiction hervorging. Wenn endlich G. Paris behauptet, dass die Gegenwart von sechs Helden aus dem Cyclus des Guillaume d'Orenge in unserm Gedichte, für dasselbe eine jüngere Abfassungszeit erfordere, da dieser Kreis in seinem Ursprung der nordfranzösischen Epopöe fremd sei (Hist. poet. p. 419), so brauche ich nur auf die Deductionen P. Meyer's in seinen Recherches sur l'épopée française (p. 15 ff.) zu verweisen. Es wird uns in diesen mit überzeugenden Gründen dargethan, dass die Paris'sche Annahme einer südfranzösischen Epopöe durch nichts berechtigt sei.

Fällt somit die Paris'sche Hypothese von dem provençalischen Ursprung des Cyclus des Guillaume d'Orenge, so fällt damit natürlich auch seine Folgerung für das Alter unseres Gedichtes. Im Gegentheil gewinnen wir durch das Auftreten von Helden gerade aus diesem Cyclus ein neues Argument für das hohe Alter des Charlemagne. Der Sagenkreis des Aimeri von Narbonne ist einer der ältesten in der französischen Poesie. Man findet denselben bereits niedergesetzt in dem sog. Haager Fragment, welches noch dem 10. Jahrhundert angehören muss. (Abgedr. bei Paris, Hist. poét. p. 465 ff.) In diesem lateinischen Bruchstück treten in Begleitung Karl des Grossen zum Theil eben dieselben Helden auf, wie in unserem Gedichte, nämlich Ernald, Bernard und Bertrand. Die

Uebereinstimmung in der Aufzählung dieser Helden in dem Charlemagne und diesem Bruchstück, welches wie G. Paris in seiner Histoire poét. p. 51 überzeugend nachweist, nur eine Umdichtung eines volksthümlichen Liedes sein kann, ist jedenfalls nicht blos zufällig. Wir müssen vielmehr annehmen, dass dem Verfasser unseres Gedichtes dieser uralte Sagencyclus bekannt gewesen, und dass er vielleicht eben deshalb dieselben Helden in seiner Dichtung auftreten liess.

IV. Dialect des Charlemagne.

Die Lösung der Frage nach dem Dialecte, in dem der Charlemagne ursprünglich abgefasst sein muss, ist deshalb schwierig, weil wir nur ein einziges französisches Manuscript von ihm besitzen. Es ist unmöglich, wie bei andern in mehreren Handschriften überlieferten Gedichten, hier eine Vergleichung der den Schreibern gemeinsamen Züge vorzunehmen, und daraus Rückschlüsse auf das ihnen vorliegende Original zu machen. Da uns auch sonst von dem anonymen Verfasser unseres Gedichtes absolut nichts bekannt ist, müssen wir uns begnügen, sorgsam zu untersuchen, ob nicht einige Spuren in dem einzigen uns erhaltenen Texte zu finden sind, die etwas Licht auf die Heimath unseres Dichters werfen können.

Der Charlemagne in der Gestalt, wie wir ihn besitzen, trägt, wie wir schon früher bemerkt, deutlich das Gepräge des anglo-normannischen Dialectes. Man findet in ihm sogar solche Eigenthümlichkeiten dieses Dialectes, die sich erst im Laufe des 13. Jahrhunderts entwickelten. Es ist klar, dass man dieselben dem ursprünglichen Texte unseres Gedichtes nicht zuweisen kann, und man sieht auf diese Weise, dass der Schreiber unseres Manuscriptes nicht rein den Text des Originals wieder gegeben haben kann, sondern Formen seiner eigenen Sprache für die älteren des ursprünglichen Textes eingesetzt haben muss. Doch ist er glücklicherweise hierin nicht consequent vorgegangen, und man bemerkt in dem uns vorliegenden Texte zahlreiche Spuren einer weit früheren Orthographie. Diese Ueberreste einer älteren Sprachstufe, sowie die Untersuchung der Reime unseres Gedichtes gestatten uns allein einen Einblick in die ursprüngliche Sprache der Charlemagne.

Es wird zunächst zu untersuchen sein, ob unser Gedicht auch ursprünglich im anglonormannischen Dialecte abgefasst worden ist. Um dies feststellen zu können, muss man sich auf die Beobachtung der

Reime stützen. P. Meyer hat in einem Aufsatze über: „An und en toniques" nachgewiesen, dass auf englischem Boden diese beiden Silben niemals in der Aussprache vermengt wurden (Mém. de la Soc. de ling. I. p. 252 ff.), G. Paris und Mall behaupten, dass die Mischung von ié und é in dem anglonormannischen Dialecte frühzeitig eingedrungen sein müsse, während in dem rein normannischen Dialecte eine solche Mischung ebenso wenig wie in den übrigen continentalen Dialecten je stattgefunden habe (G. Paris, Alexis p. 80. 81. Mall, Cumpoz p. 68). Wir werden demnach der Reihe nach die Tiraden auf en und an, ié und é in Betrachtung zu ziehen haben. Ich beginne mit Untersuchung der Tiraden auf en und an.

Zuvörderst begegnet man in unserem Texte zweien Tiraden auf en, über deren Reinheit kein Zweifel bestehen kann; nämlich p. 31 ceenz, casemenz, ensement, omnipotent, vent, raidement und p. 20 gabement, gent [1]).

Ebenso findet man drei Tiraden auf an, in denen keine Mischung bemerkbar ist: p. 11. 12 grant, Abilant, avant, vaillant, lusanz, grant (beaus, glazaus) [2]), seant, blans, trainanz, esbaneant, asquanz, relusant, avenanz, deportant, amblant, Rollant, grant, riant, querrant, avant, seant; p. 19. 20 Rolland, comand, olivant, plain, bruant, grant, astant, pesant, bruant, avant, brulant, turnant, reversant; p. 4. 5 plain, Bertram, erraund, devant.

Mischung dagegen von an und en zeigt die Tirade auf Seite 4:

76 Li empercre de France feit cunreer sa *gent*
 E ceols qui alerent od lui cunreat gent*ement*
 Asez lur ad donez entre or fin e *argent*
 N'i unt escuz ne lances ne espees trenchaunz,
80 Meis fustz feret de fraine e escrepes pendanz;
 E funt ferrer les destres detrez e deuuant.
 Les mulz o les sumers afeutrent li servant
 E funt pleines les males entre or fin e *argent*
 De veisaus e de deners e de autre garn*ement*

---

[1]) P. Meyer ist somit nicht im Recht, wenn er den Charlemagne unter den Gedichten aufzählt, „deren Verfasser nicht einmal versucht hätten, eine Tirade auf en zu bilden" (Mém. de la soc. de ling. I. p. 262).

[2]) Die beiden Verse 265/66:
 Trovent vergers plantez de pins e de lorers beaus
 La rose i est florie, li alburs e li glazaus
sind offenbar entstellt. Selbst wenn man eine Aussprache beals annimmt, da l zur Zeit der Abfassung des Charlemagne noch nicht aufgelöst sein konnte, bleibt die Assonanz des ersten Verses incorrect, da der Diphthong ea nicht mit a gebunden werden konnte. Vielleicht stand im Originale hier halts. Wenn man für glazaus glazals setzen könnte, wäre gegen den zweiten Vers nichts einzuwenden, doch scheint auch dieses Wort aus einem andern entstellt zu sein.

85 Faudestoulz d'or i portent e treis de seic blanc.
A Seint Denis de France li reis s'escrepe *prent*.
Li arcevesche Turpin li seignat gente*ment*
E si prist il la sue e Franceis ense*ment*
E muntent as mulz, qu'il orent, forz e amblanz.
90 De la citez en isirent, si s'en turnent brochaunt.
Des ore s'en irrat Cales a danne Deu le commant.
La reine remaint doloruse e pluraunt.

Man kann die uns hier überlieferte Aufeinanderfolge der Verse nicht als die ursprüngliche ansehen. Es wird in der citirten Stelle zuerst von dem Gold und Silber gesprochen, womit Karl seine Begleiter beschenkt (v. 77, 78), sodann folgt die Schilderung ihrer Ausrüstung zur Pilgerfahrt (v. 79—82). Hierauf kehrt die Erzählung plötzlich wieder zu dem Gelde zurück, und es wird angegeben, in welcher Weise dasselbe aufbewahrt wird (v. 83). In ähnlicher Weise wird v. 82 von der Zurüstung der Maulesel und Saumthiere gesprochen, sodann abermals von den Vorbereitungen Karls und seiner Gefährten zum Zwecke ihrer Pilgerfahrt (v. 85—88), und hierauf kehrt die Schilderung wiederum zu den Mauleseln zurück (v. 89). Endlich wird bereits v. 80 mitgetheilt, dass die Gefährten Karls escrepes pendanz trügen, was nicht hindert, dass uns v. 86—88 abermals als etwas Neues mitgetheilt wird, dass Karl und seine Begleiter eine escrepe nehmen. Bei der sonst so klaren und geordneten Darstellungsweise des Charlemagne kann man diese Unordnung in der Aufeinanderfolge kaum dem Originale zutrauen; man wird vielmehr annehmen müssen, dass in dem unserem Schreiber vorliegenden Texte die Verse 79—82 und 85 am Rande gestanden haben, und von demselben an falscher Stelle eingesetzt worden sind. Bei dieser Annahme ist es sehr leicht, die wahrscheinlich ursprüngliche Reihenfolge der Verse herzustellen; man braucht nur die 5 ausgeschiedenen Verse zwischen v. 88 und 89 einzuschalten. Auf diese Weise gewinnt die Erzählung einen weit besseren Zusammenhang, zugleich erhalten wir die beiden folgenden, vollständig reinen Tiraden, von denen die erste auf en, die zweite auf an ausgeht:

1) Li emperere de France feit cunreer sa gent
E ceols qui alerent ad lui cunreat gentement,
Asez lur ad donez entre or fin e argent.
(Il) funt pleines les males entre or fin e argent
De veisaus e de deners e de autre garnement.
A Seint Denis de France li reis s'escrepe prent.
Li arcevesque Turpin li seignat gentement
E si prist il la sue e Franceis ensement.
2) N'i unt escuz ne lances ne espees trenchaunz,
Meis fustz feret de fraine e escrepes pendaunz.

(II) funt ferrer les destres (e) detrez e deunant.
Les mulz e les sumers afeutrent li servant,
Faudestoulz d'or i portent e treis de seie blanc,
E (il) muntent as mulz qu[i]lorent forz e amblanz
etc.

Wenn die Karlamagnus Saga an dieser Stelle mit dem Charlemagne wörtlich übereinstimmt, so folgt daraus nur, dass schon die Vorlage von K, y, oder der y und C gemeinsam vorliegende Text von z dieselbe Verstellung der Verse enthalten haben müssen, wie der Charlemagne. Eine zweite Tirade, wo unser Text eine Mischung von an und en zeigt, ist die auf Seite 12 atargeant, arant, relusant, arant, main, amblant, suzpendant, vaillant, escarimant, blanc, gaunt, estant, grizain, main, *adreceement, tent,* amblant.

Hier stören allein die gegen Ende der Tirade befindlichen Verse
295 f. Si a cundut sun arct tant adreceement
Si fait dreite sa rei cum line que tent

Man könnte dieser Mischung durch die Umstellung von tant und adreceement in dem ersten Verse und durch Umwandlung von „que tent" im zweiten zu „qu'est tendant" abhelfen; doch ist die erste dieser Conjecturen etwas schwerfällig, und der zweite Vers erhält seine volle Silbenzahl sehr leicht dadurch, wenn man für cum cume einsetzt, und liest
Si fait dreite sa rei cume line que tent.

Man wird daher, ohne gewaltsam verfahren zu wollen, diese Verse nicht wohl umändern dürfen, und muss demnach für diese Tirade die Mischung von an und en zugestehen.

In gleicher Weise muss man eine Mischung von an und en in den beiden auf Seite 14 befindlichen Tiraden zugeben:

v. 324 ff. blanc, errant, seant, escariman, esbaneant, asquanz, amblanz, *gentement,* und

v. 342 ff. grant, banc, avernant, ser*penz*, volanz, cloanz, noble*ment*, blanc, estant, devant, enfanz, blanc. Zu dieser Tirade sind auch noch die beiden Verse v. 360 f.:

Li uns esgardet l'altre ensement[cum], en riant
Que ço vus fust viarie que tut fussent vivant

hinzuzunehmen. Die handschriftliche Ueberlieferung ist wegen des plötzlichen Subjectswechsels (cascun v. 353, il v. 356) nicht zulässig, und ausserdem fügen sich die beiden umgestellten Verse dem Vorhergehenden weit besser an, als die im Texte folgenden. Dass die Karlamagnus Saga und die schwedische Chronik dieselbe Aufeinanderfolge überliefern, wie der Charlemagne, beweist eben nur, dass die Vorlage von K, y, bereits Entstellungen erlitten hat, die entweder ihr allein zukommen, oder schon einem zwischen ihr und dem Original liegenden Mittelgliede (z) zuzuschreiben sind.

Die nun folgenden Verse v. 354 ff.:

> Si galern eist de mor, bise ne altre vent
> Ki ferent al palais devers occident,
> Il le fuat turner e menut e suvent
> Cumme roe de char qui a tere decent.
> Cil corn sunent e buglent e sunent ensement
> Cum(me) taburs u toneires u grant cloches qui pent

sind als besondere Tirade zu betrachten. Ebenso die drei folgenden Verse v. 362 ff.:

> Karles vit le paleis o la richesce grant,
> La sue mananrise ne priset mie un guant,
> De sa mullier li memberet que manace out tant.

Sie stehen mit den unmittelbar vorhergehenden in keinem directen Zusammenhang und bilden für sich ein geschlossenes Ganze.

Aus der eben angestellten Untersuchung ergiebt sich, dass für den Verfasser unseres Gedichtes die Laute an und en noch deutlich getrennt sein mussten, da er sich nur so selten eine Mischung derselben in den Reimen erlaubt. Auch in dieser Beziehung steht die Sprache des Charlemagne also auf einer älteren Stufe, als die der Chanson de Roland, wo die Vermischung der Assonanzen auf an und en bedeutend häufiger erscheint. Was den Dialect unseres Gedichtes anlangt, so müssen wir nach den bis jetzt erlangten Ergebnissen dasselbe einem der continentalen Dialecte zuweisen, da eine, wenn auch seltene Mischung von an und en im Texte des Charlemagne doch nicht zu leugnen ist.

Betrachten wir sodann die zweite Art der uns hier interessirenden Tiraden, so können wir zunächst ganz deutlich solche in ié und solche in é unterscheiden. Ich zähle zuerst die auf ié assonirenden auf:

p. 1. 2. muster, chef, mer (mĕrus), chevalers, muillers, meuz (melius), oliver, *reisuner*, ceil, chef, espeez, *respondeit*, preiser, leger, chevalers, set (sĕdet), curecez, enbrunchez, m'enseinez, cheis, consilers, chevalers, ben, cher, acer, curucez, deners, chevalers, encaucer, irrez (iratus), pez.

In dieser Tirade begegnen wir zwei Unregelmässigkeiten: den Worten reisuner (v. 8) und respondeit (v. 12). Ersteres kann man wohl für einen Irrthum des Schreibers ansehen, der das Wort des Originals *araisnier* mit reisuner vertauschte. Auch scheint das Manuscript des Charlemagne nicht sowohl a reisuner zu haben, als vielmehr areisuner, während die Präposition a, die dem Infinitiv vorausgehen musste, ver-

gessen zu sein scheint¹). Areisuner und areisnier sind Formen, die man schon frühzeitig gleichberechtigt neben einander erscheinen sieht. So findet man in den Quatre Livres des Rois areisuna p. 3, dagegen areisna p. 11, areinnad p. 31, areisnad p. 32 etc. ohne Unterschied neben einander in Gebrauch. Reisuner wird an unserer Stelle schon deshalb nicht beibehalten werden können, weil dieses Wort schwerlich jemals in der Bedeutung „anreden" gebraucht worden ist, die ihm hier zukommen müsste.
— Was das zweite unregelmässige Wort respondeit betrifft, so findet sich dasselbe, respondiet geschrieben, einmal auch in der Chanson de Roland in einer Tirade auf ié (CLXXIX. 2411). — In der Tirade:
p. 7. 8 amistez, espleitez, melz, cel (coelum), chef, colchet, ascer, *predicet*, eslecer, ped, chef, *benesquid*, volenters, *precioses*, manger, chef, amistez, pitez
ist zunächst predicet in prechiet zu corrigiren. Die uns vorliegende Form ist offenbar ein Latinismus; dass sie nicht die des Originals sein kann, zeigt uns am besten der Vers, in dem dies Wort vorkommt:
173. Al terz jur relevat, si cum il out predicet
Wenn man die Form predicet rhalten wollte, hätte man im zweiten Hemistich eine Silbe zu viel. Die beiden Verse
177. E auerez lo ulice que il benesquid
und
179. Entailce est a or e a peres preciosee
sind offenbar entstellt. Im Uebrigen ist auch diese Tirade vollständig ein. In der Tirade
p. 12. 13 espleiter, senter, reflambier, volenters, fer (ferus), delget, conuset, net, nes (nepos), retorner, volenters, melz, soldeers, cel (coelum), volez, trusset, charger, amistet
ist corruset die 2 p. pl. von concistre, die regelmässig conoissiez entwickelt haben muss, in welcher Form wir derselben auch öfters begegnen (cunuissiez bei Jord. Fantosme v. 1976, conissiés: ié Chr. franç. von Bartsch, 286, 7). Für trusset kann im Original sehr leicht chargiet gestanden haben, ebenso kann in dem Verse 308 das unregelmässige retorner von dem anglo-normannischen Schreiber an Stelle eines regelmässigen repairier eingesetzt worden sein. Das volez des Verses:
313. Un an vus retenderai, si estre i volez
kann eben so gut Conjunctiv wie Indicativ sein. Es findet sich bei Bauduin de Sebourc die ganz ähnliche Construction „se croire le vocilés" (Bartsch, Chrest. de l'anc.-franç. 400, 39), und ausserdem bei Adam de la Halle eine Form des 2. p. pl. ind. voilliés (Bartsch, Chrest. de l'anc.-

¹) Vgl. das Facsimile in Michel's Ausgabe des Charlemagne.

fr. 373, 39). Dieser Vers kann daher als regelmässig betrachtet werden; unrein aber ist auf jeden Fall der Vers 306:
> Respont li emperere: jo sui de France net.

Man kann hier die Unregelmässigkeit nur durch gewaltsame Emendation entfernen. In der Tirade
p. 21. 22. Ogers, traveiller, cungiet, sustent, *turner*, embracer, briser, trubucer, ert (fut.), mucer, enragez, cumencer, herberget ist turner unregelmässig. Doch scheint auch hier der Vers, in dem diese Unregelmässigkeit sich findet, nicht treu überliefert. Der betreffende Vers:
> 522. Que ui matin veistis si monut turner

hat im zweiten Hemistich eine Silbe zu wenig. Es ist also wol möglich, dass hier im Original ein anderes, auf ié assonirendes Wort sich befunden hat. In der Tirade
p. 22. 23. Berenger, *comandez*, chevalers, ormer, cel (coelum), pet, derocher, brisier, entre-oscher, tuchet, plaet, enraget, acer empfiehlt es sich, den Vers
> 522 Volenters, dist li quens, quant vus le comandez

umzustellen, wodurch wir den regelmässig auf ié assonirenden Vers
> Quand vus le comandez, dist li quens, volenters

erhalten würden. Die im Texte befindliche Stellung erklärt sich sehr wol daraus, dass der Schreiber, gewöhnt an die von ihm gegebene sehr häufig vorkommende Form des Verses, diesen auch hier in seiner gewöhnlichen Gestalt beibehielt, zumal für ihn, der den Unterschied von ié und é nicht kannte, dadurch keine Unregelmässigkeit veranlasst wurde. In der Tirade
p. 28. peez, chef, esmaez, *venez*
kann venez eben so wol als Conjunctiv, wie als Imperativ aufgefasst werden; in der letzten Tirade auf ié
p. 22. cumencer, priez, seignez, cel (coelum), bied, ben, celers, *guaer*, ped, fer (fĕrus), chevaler, pited
lässt sich guaer, welches sonst nur auf é reimt, sehr leicht entfernen, wenn man, statt den Vers 778
> La gent lui rei Hugun e moiller e guaer

zu lesen, mit Umstellung von guaer und moiller liest:
> La gent lui rei Hugun e guaer e moiller.

Die in unserm Texte befindliche Stellung kann für ein Versehen des Abschreibers angesehen werden.

Zahlreicher und noch regelmässiger sind die Tiraden auf é. Vollständig correct sind die Tiraden:

p. 2. Deu, juer, cumandez, aporter, citez, devaler, pensed, numer, truver, dirrez, couper.[1]

p. 6. 7. bealte, depeinturez, majestez, anuels, mer, levez, esgardet, trembler, esgarder, turnet, degrez, parler, aprester, lever, entrer, formet, Deus, visiter, cunreer, citet, afubler, alet, levet, aclinet, demander, neez (natus), entrez, ruvet, neez, barnez, parler, Deu, aurer, beer. Deus, curunez, Deu, donez, enluminer, averez, averez, aporter, Deu.

p. 9. demuret, apelet, donet, returner, demurret, turnet, trusset, parlerez, abandunez, porter, gardet, cristientez. — In der Tirade:

p. 10. demured, parler, loet, trovet, ostels, *leez,* apert, trusset, entret, asct, cler, sujurnez, guiez, ostels, demuret, apert, entret, apelet, donez, Deus, desevret, barnet, Deus, guet, reluminet, parler ist leez unregelmässig. — In der Tirade:

p. 3. 4. curunez, principel, retornez, amenez, adurez, *Berenger,* Haimer, adurez, nez, entendez, irrez (fut. v. aller). Deu, aurer, aler, parler, demurer, trovez

macht Berenger Ausnahme. Da in diesem Verse eine Umstellung nicht möglich ist, der Vers selbst aber durch die Karlamagnus Saga gesichert ist, muss auch hier Mischung zugegeben werden.

In der Tirade:

p. 16. turner, esgarder, alez, desconfortez, el, atendet, remist (= remest), supers, barnez, delez, cler, ested, amer, majestet, citet, voluntez, escuter, deveez, sengler, enpeucrez, clarez, juglur (= jugler), noblitet, *manget*

muss der letzte Vers

415. Cume il ourent enz al palais real manget

umgestellt werden in:

Cume il ourent manget enz al palais real

und zu der folgenden Tirade auf a gezogen werden. Der Vers gehört auch seinem Sinne nach zu dem Folgenden, ist dagegen von den vorhergehenden Versen durch einen Punkt getrennt. In der Tirade:

p. 18. 19. bealtet, richetet, majestet, reeate, champel, gabber, bacheler, membre, fermeet, sujurnet, adubet, *chers,* gemmez, sujurnez, aler, charnel, desteret, membret, ostel, parler, *congeer*

kann man statt chers clers einsetzen, da der Schreiber hier im Abschreiben beide Worte miteinander sehr leicht verwechseln konnte; der

---

[1]) Das *estorcer* des darauf folgenden Verses:

43. Ore entend la reine que ne se puet estorcer

ist ein Schreibfehler. Man muss lesen estordre, und dann gehört der Vers zu der darauf folgenden Tirade auf ò .. e.

Sinn des Verses erlaubt die eine Lesart eben so gut, als die andere. Congeer finde ich in den älteren normannischen Denkmälern nur im Reime auf é. (Cf. Rom. de Rou: 14, 759, 797, 3846. Chron. des ducs de Normandie 15620 etc. eben so oft Rom de Brut; Marie de France in der Chrest. de l'anc. fr. v. Bartsch 260, 39.) Es stimmt dieser Gebrauch von congeer im Reime auf é vollständig mit der Geschichte des Wortes überein. Aus dem franz. Subst. congiet gebildet lautete das ·Verbum zunächst congieder (ein lat. commeatare ist nicht zu belegen); die inlautende Dentale ging verloren, und es entstand so congieer, gewöhnlich geschrieben congeer. Dieses Wort konnte natürlich nur auf é reimen. Das neufranzösische congédier ist eine Neubildung aus dem italienischen congedo, und nicht, wie Littré behauptet, aus der altfranzösischen Form des Verbums durch Einschiebung eines d entstanden. In unserm Denkmal, in dem übrigens die inlautende Dentale noch erhalten sein musste, wie wir aus dem hohen Alter desselben schliessen können, reimt congeer daher nur auf é. (v. 564: cungeez: é.) (Cf. Burguy a. v. congiet III. Diez, ctym. Wörterbuch II. p. 262 a. v. congé.)
In der Tirade:

p. 23. gabez, comandez, guet, canel, verrez, citez, guaer, munter, cumandet, *enraget,* ostel, cungeez
kann man den unregelmässig reimenden Vers:

562. Par Deu, ço dist l'eschut, cist hom est enraget
vielleicht umstellen in:

Cist hom est enraget, ço dist l'eschut, par Deu.
Die so entstehende Satzverbindung hat nichts ungewöhnliches für unser Gedicht (Vgl. v. 591 u. v. 807), die Umstellung konnte leicht von dem englischen Abschreiber vorgenommen werden, da der Vers in der von ihm gegebenen Gestalt mehrmals in Tiraden auf ié begegnet. Dieselbe Correctur müsste auch in der Tirade

p. 24. demustret, Aimer, comandet, gulet, mer, afublet, deigner (= dîner), claret, tel, encliner, peler, *enraget,* ostel
vorgenommen werden. Der Vers, in dem enraget sich hier befindet, ist gleichlautend mit dem besprochenen v. 562. In der Tirade

p. 34. 35. digners, *manger*, demured, sengler, enpeverez, claret, geugler, apeled, abandunez, porter, ester, *muneed,* porter, aler, veer, degreez, cumandez, cumandez.
kann zunächst

v. 832. Les tabeles furent dreeees, e sunt alez manger
leicht corrigirt werden in:

Les tables sunt dreeees, e sunt manger alez:
So wäre auch hier die unregelmässige Assonanz entfernt. Muneed be-

findet sich in ähnlicher Lage wie cungeer. Aus monetare entstanden, lautete die Form für unsern Dichter wahrscheinlich noch moneded; aber auch nachher reimte muneer noch lange auf é (cf. Burguy, Gramm. d. la languc d'oïl p. 177 und Scheler: Les Enfances Ogier par Adenés li Rois, Bruxelles 1874, v. 7793). In der letzten uns begegnenden Tirade auf é:

p. 35. 36. ber, campel, cunter, *regnez*, citet, entrez, ber, relevet, auter, *regnet, caiet*, pardunet, auret haben die beiden regnet nichts Auffallendes. Regnet scheint nie anders als auf é gereimt zu haben. (Mall, Cumpoz p. 74.) Caiet ist eine ganz ungewöhnliche Form des Particips von cadeir (wahrscheinlich für caeit) und dem englischen Schreiber zuzuweisen.

Man sieht aus der obigen Untersuchung, dass für den Verfasser des Charlemagne die Laute ié und é deutlich geschieden waren, und dass eine grosse Anzahl der Ausnahmen, die uns unser Text darbietet, wol allein dem Einfluss des anglo-normannischen Abschreibers zugerechnet werden müssen. Dennoch bleiben uns einige Fälle übrig, wo eine Verminderung der Reime ié und é nicht zu leugnen ist, und auch die vorgeschlagenen Correcturen werden nicht immer als unbedingt sicher und nothwendig angesehen werden können. Es bleibt demnach nichts übrig, als festzustellen, dass von dem Dichter unseres Epos zwar im Allgemeinen ié und é nicht gern im Reim zusammengebracht wurden, dass ihm jedoch eine solche Vermischung wenigstens als poetische Licenz statthaft erschienen sein muss. Das Resultat widerspricht somit dem Ergebnisse, das wir aus der Untersuchung der Tiraden auf an und en erhalten hatten: während wir nach letzterem Ergebnisse die Abfassung des Charlemagne nach dem Continent verlegen mussten, müssen wir nach den bisher über die Mischung von ié und é angegebenen Regeln dieselbe nach England verweisen. Es muss demnach entweder die Annahme, dass an und en in England nie sich mischen konnten, nicht correct sein, oder die Mischung von ié und é ist auch in einem der continentalen Dialecte möglich gewesen.

Was die Mischung von an und en anlangt, so scheint dieselbe auf englischem Boden in der That wirklich nie stattgefunden zu haben. Ich habe in keinem anglo-normannischen Denkmal an und en gebunden gefunden.[1]

---

[1] Selbstverständlich habe ich meine Untersuchung nur auf solche Denkmäler ausgedehnt, die P. Meyer in seiner Untersuchung noch nicht berücksichtigt hatte. Es sind: Die Chronique des Geoffroy Gaimar (Chron. agln. I), Der Extrait de la Estoire de Seint-Edward le rei (ib. I. p. 119—126), der Extrait de la Chronique de Pierre de Langtoft (ib. p. 127—165), die Vie de Saint Thomas im 3. Bande der

Die einzigen Ausnahmen, denen ich begegnet bin, sind dieselben, auf die auch P. Meyer aufmerksam gemacht hat: Die häufige Schreibung von an für en in der Lambspringer Handschrift der Vie de Saint Alexis, und der Gebrauch von ent und ant in denselben Strophen bei Jordan Fantosme. Erstere Unregelmässigkeit erklärt sich sehr leicht damit, dass man annimmt, dem Schreiber der Lambspringer Handschrift habe ein französisches Original vorgelegen, in dem diese Einsetzung von an für en bereits eingeführt war, und diese Schreibung sei auch von ihm beibehalten worden, obgleich er selbst en und an in der Aussprache unterschied. Schwieriger ist die Erklärung der Unregelmässigkeiten, die man in der Chronique des J. Fantosme antrifft. Es findet sich in derselben escient (1855) und parent (1366) in Strophen auf ant, ferant (1787), sanglant (659), vaillant (316) und vivant (277 und 407) in Strophen auf ent. Escient gehört zu den Worten, die auf ant und ent reimen können. Ebenso verhält es sich mit sanglant. In der Chronique des ducs de Normandie begegnet man den Reimen: sanglenz: contenz II, 4421; sanglenz: cenz, 5277; adenz: sanglenz 16568; senglenz: contenz 33425; cenz: sanglenz 22991; dagegen: degutantes: sanglantes 9518; sanglant: auferant 21343; sanglanz: reluisanz 21508. Auch bei vivant scheint eine Nebenform vivent angenommen werden zu können. (Meyer, Mém. de la soc. de ling. I. p. 273.) Unregelmässig bleibt demnach nur parent im Reime auf ant, und vaillant und ferant im Reime auf ent. Man wird diese Ausnahmefälle nicht für eine Nachlässigkeit des Dichters ansehen können. Die Reime Fantosme's sind sonst durchweg correct, und die fehlerhaften Reime, die P. Meyer ihm vorwirft. (Mém. de la soc. de ling. p. 253 Anm.) dürfen als solche nicht anerkannt werden. Die Form assaillu (1660) neben der gewöhnlichen assailli ist eben so möglich, wie issu neben issi. Leale (243) im Reime auf ele steht für leele; Doppelformen bei Adjectiven, deren Endung auf lateinisches alis zurückgeht, sind nichts seltenes (Mall, Cumpoz p. 53); dass wirklich eine Form leel bestand, beweisen mit Evidenz die Reime leel: Daniel, und veel: leel, im Besant de Dieu (hg. v. E. Martin) v. 30 u. 3485. Das praz endlich (v. 1798), welches Meyer für eine barbarische Form für prés auffasst, ist nichts als ein Schreibfehler für parz. Es wird also nur übrig bleiben, anzunehmen, dass für Fantosme an und en wirklich gleich geklungen haben, oder dass auch die drei Ausnahme machenden Worte (parent, vaillant und ferant) einer doppelten Behandlung fähig waren. Für letzteres habe ich keinen Beleg finden

Chron. des ducs de Norm., der Roman du Mont Saint Michel (ib.) und die anglonormannischen Gedichte im 3. Bande von Jubinal's: Nouveau recueil de Contes etc. p. 304—371.

können, auch wird schwerlich für die beiden Participien vaillant und ferant noch eine andere Nebenform auf ent anzunehmen sein. Wenn man aber für Fantosme Gleichklang von ant und ent annehmen muss, kann man daraus dennoch keine gültigen Resultate für die Aussprache des anglo-normannischen Dialectes ziehen, da wir nicht wissen, ob Fantosme auch seiner Geburt nach ein Engländer ist, oder vielleicht erst später nach England kam und hierin seine heimische Muttersprache beibehielt.

Ein zweifelhafteres Ergebniss erhalten wir, wenn wir die Behandlung von ié und é in den normannischen Denkmälern untersuchen. Zunächst steht fest, dass der Verfasser der Vie de Saint Alexis beide Reime stets trennt, wenn auch die älteste Handschrift dieses Gedichtes einige Male Verstösse gegen die Reinheit derselben aufweist. Es ist indess ungewiss, ob der Dichter des Alexis ein Normanne gewesen ist, oder ob ihm Isle de France als Heimathsort zuzuweisen ist. Das zweitälteste Gedicht, dessen Abfassung man nach der Normandie versetzt, die Chanson de Roland, bietet in der ältesten Handschrift eine ziemlich bedeutende Anzahl Fälle, wo ié und é mit einander reimen. Man hat indess wiederholt diese angeblich falschen Reime mit mehr oder weniger Glück heraus emendirt, weil man in allen diesen Fällen eine Corrumpirung von Seiten des anglo-normannischen Abschreibers annehmen zu müssen glaubte. Doch haben die vorgenommenen Correcturen nicht immer Anspruch auf unbedingte Glaubwürdigkeit, und bei keiner derselben sind die ziemlich getreuen Uebertragungen der Karlamagnus Saga und der schwedischen Chronik zu Rathe gezogen worden. Eben so wenig haben die Quatre Livres des Rois, die man gewöhnlich für rein normannisch hält, eine regelmässige Orthographie, man findet sehr oft ein einfaches é für ié geschrieben.[1]) In dem sehr sorgfältig gereimten Roman de Brut des Dichters Wace findet sich kein einziges Beispiel, dass ié und é mitsammen reimen, aber auch kein Fall von Gleichklang von an und en im Reime; im Roman de Rou hingegen, wo Wace weniger sorgfältig gearbeitet zu haben scheint, finden sich einige Fälle, wo an und en reimen. (Le Rom. de Rou p. p. Pluquet: enfant: ent p. 184; s'espandent: endent p. 209; gent: ant p. 232), und ebenso einige Fälle, wo ié und é mit einander reimen (arier: é v. 2121; escaperez: ié v. 3131; aviller: é 4473; corocez: é 4576; reprocé: vilté, 9463; doloier: desbarater 10109; enginié: mostré 11177; porcacé: trové

---

[1]) Z. B. deshaitée p. 2, maignée p. 9, p. 10, p. 12, daneben maigniée p. 5, ferner espurgée p. 12, acutché p 11, peche p 13, haitez p 15, enveer p. 20; auf derselben Zeile enveierez; relascher p. 20; caleesecrent p. 22; herbergerent p. 23, aidé p. 25; manger p. 32 etc.

16636; reprocé: graé [= gré] 11961). Dies Gedicht befindet sich somit ganz in derselben Lage, wie der Charlemagne. In der Chronique des ducs de Normandie, deren Verfasser ebenfalls aus der Normandie gebürtig ist, finden sich gleichfalls mehrfach Fälle, wo ié und é mit einander reimen: pié: volé 1043; Pierregés: remes 1085; alé: afiancé II, 1977; descerchier: couper, 2414; criez (für creez): preisies 2877; destrers: clers 3549; honurez: aidiez 4315; honorez:asazez 7466; aconter: assigner 7906; messier: doner 9508; merciez: lez (laetus) 9644; amer: aidier 12575; bracée: dunée 12931; engignier: desheriter p. 534; aidier: reconforter 13139; crier: aidier 14189 moillier: loer 42133 etc. Zweimal begegnen sich auch hier en und an im Reime: audience: desacordance v. 6735; demande: despende 22079. Auch die Dichtungen der Marie de France weisen einige Beispiele auf, wo ié und é gebunden werden: Poésies de Mar. de France p. p. B. de Roquefort: I. mandez, chacez p. 191; envoié: pruvé p. 236; allerent, espleiterent p. 256; englué: veillé p. 322; mariée: enseignée p. 322; acumpainier: juster p. 356; pesé: cungié p. 396; II. alez: estanchiez p. 283; malheurté: cunseillé p. 306; creiez: mettrez p. 435; vendrez: veiez p. 482. Auch hier finden sich ausserdem zwei Beispiele für den Gleichklang von an und en: descent: tremblant I p. 206; gent: semblant II p. 206. Ebenso findet man in der französischen Uebersetzung des Lapidarium Marbod's, die man gewöhnlich auf diesen Bischof selbst zurückführt, ié und é im Reime gebunden: Venerab. Hildeberti opera ed. Beaugendre: nez: esmaiez p. 1644 § V; envueiée: trovee p. 1646 § VI. rober: despoiller p. 1672 § XLIX. In den Bruchstücken, die von den Bestiaire des Guillaume le Clerc in der Biographia Britannica II p. 426 ff. abgedruckt sind, sind die Reime auf ié und é getrennt, ebenso in dem Gedicht De la male honte (Barbazan: Fabl. et Contes III p. 210—15) und im Fergus. Doch wird letzteres Gedicht dem Guillaume kaum zuzuschreiben sein (cf. Martin, Fergus, Roman von G. le Clerc p. VIII, Mussafia, Literarisches Centralblatt 1869 n. 69). Der Besant de Dieu liefert hingegen ein Beispiel von Mischung: frere: chiere 3251. (Ausg. v. E. Martin, Halle, 1869). Noch spätere Gedichte, als die der Marie de France und die des Guillaume le Clerc können, selbst wenn deren Dichter ebenfalls aus der Normandie gebürtig sind, keine Beachtung mehr finden, da seit dem Anfang des 13. Jahrhunderts die normannischen Dichter ihre heimathliche Sprache verschmähten und sich bemühten, den Dialect von Isle de France auch in ihren Werken anzuwenden. (Vgl. Joret, du C dans les langues romanes p. 285—87)[1])

---

[1]) Garnier de Pont-Sainte-Maxence, den Mall in seinem Cumpoz p. 68 für einen rein normannischen Schriftsteller hält, hat durchaus nicht in diesem Dialecte

Aus den vorliegenden Ergebnissen ersehen wir, dass ausser dem ältesten Gedicht, dem Alexis, dessen normannische Abstammung unverbürgt ist, und ausser dem jüngsten, das wir untersucht haben, dem Fergus, der, wie es scheint, kaum noch für normannisch angesehen werden darf, selbst wenn sein Verfasser ein Normanne war, alle übrigen Denkmäler eine Mischung von ié und é zuliessen. Wenn Wace in seinem ersten Gedicht, dem Roman de Brut die Reime auf ié und é trennt, kann man dies sehr wohl auf französischen Einfluss zurückführen. Dass ihm der Gleichklang von ié und é bekannt war, zeigt sein Roman de Rou, bei dessen Abfassung er weniger aufmerksam die Eigenthümlichkeiten der Volksmundart vermieden zu haben scheint, wie uns die in ihm gleichzeitig begegnende Mischung von an und en beweist. Man könnte allerdings auch daran denken, dass die Mischung von ié und é in den besprochenen Werken dadurch eingedrungen sei, dass deren Verfasser, die fast sämmtlich mehr oder minder lange in England lebten, hierin von dem anglo-normannischen Dialecte beeinflusst wurden. Da man aber in beinahe allen Gedichten, wo ié und é mitsammen reimen, auch an und en im Reime findet, müsste man annehmen, dass deren Verfasser einerseits die Eigenthümlichkeiten ihrer eigentlichen Muttersprache beibehalten, andrerseits die des von ihnen bewohnten Landes angenommen haben. Diese Annahme, wenn auch nicht unmöglich, ist nicht sehr wahrscheinlich. Es treten überdies noch zwei andere Gründe hinzu, die uns glauben machen können, dass auch in dem rein normannischen Dialecte die Mischung von ié und é gestattet war, wenn auch nicht so häufig, als in dem späteren anglo-normannischen Dialecte.

Einmal ist es auffällig, dass schon das älteste französische Denkmal, von dem wir wissen, dass es in England entstanden ist, der Computus des Philipp von Thaün, die Mischung von ié und é zeigt. (Mall, Cumpoz p. 69.) Zur Zeit der Abfassung dieses Gedichtes kann von einer Trennung des anglo-normannischen Dialects von dem rein normannischen noch gar nicht die Rede sein. Die Bildung eines besonderen Dialectes in England kann erst dann angenommen werden, als die dort einhei-

geschrieben. Es geht dies aus den Reimen seines Werkes Thomas le Martyr unstreitig hervor. Man vergl. die Strophen:
   v. 346—350 teneit, *doneit*, mesfesoit, greveit,
   v. 1116—1120 cumbateit, *demandeit*, guerpisseit, dreit, *chalengeit*
   v. 1276—1280 *roveit*, reveneit, cunperreit, merkeit, *chastieit* etc. (Ausg. Hippeau).
Diese Reime sind in sämmtlichen Handschriften dieselben. Auch war von vorn herein nicht daran zu denken, dass ein aus der Picardie gebürtiger Schriftsteller im normannischen Dialecte geschrieben habe, wenn selbst die uns überlieferten Handschriften sämmtlich anglo-normannisch sind.

mische angelsächsische Bevölkerung die Sprache der Sieger allgemein zu lernen und zu sprechen begann. Dies geschah aber erst in der Mitte des zwölften Jahrhunderts. Wenn ein Dichter aus dem Anfang dieses Jahrhunderts daher sich gestatten durfte, ié und é im Reime zu binden, musste er diese Licenz bereits von seinen normannischen Vorfahren überkommen haben. Ein zweiter Grund, der uns anzunehmen nöthigt, dass auch im rein normannischen Dialect ié und é nicht so sorgfältig geschieden war, ist der Umstand, dass auch in dem heutigen patois der Normandie das betonte lat. ĕ häufig zwar zu ié umgewandelt wird, wie im französischen, in einzelnen Gegenden aber in seiner ursprünglichen Gestalt erhalten ist (Joret: Da C dans les langues romanes p. 234 Anm.). Diese verschiedene Behandlung des lateinischen ĕ muss auch schon in früheren Zeiten bestanden haben, da es nicht wohl thunlich ist, in den Worten, deren e auf ein betontes lateinisches ĕ zurückgeht, einen Lautübergang des ĕ zu ié und dann zu ĕ zurück anzunehmen. Bedenken wir noch, dass wir in keinem Manuscripte der älteren normannischen Dichtungen, gleichgültig, ob dieselben aus England oder aus Frankreich stammen, eine consequente orthographische Scheidung von ié und é antreffen, so werden wir wohl folgern dürfen, dass in dem altnormannischen Dialecte die Scheidung von ié und é nie so genau vorgenommen wurde, wie wir dies für die übrigen altfranzösischen Dialecte annehmen dürfen.

Nach den erhaltenen Ergebnissen scheint es nicht länger fraglich zu sein, welchem Dialecte wir den Charlemagne zuzuweisen haben. Die in ihm vorkommende Mischung von en und an im Reime erfordert, dass man seine Entstehung nach dem Continente versetzt, die gleichzeitige Mischung von ié und é weist auf den normannischen Dialect hin. Dennoch ist das erhaltene Resultat nicht so ganz unanfechtbar. Es befindet sich in unserem Gedichte ein Vers, dessen Schlusswort in der durch den Reim für ihn zu vindicirenden Aussprache auf den picardischen Dialect hinzuweisen scheint. Es ist der Vers 442:

Li carbundes art que bien i poet home veer.

Derselbe steht in einer Tirade auf i; es kann daher kein Zweifel sein, dass man denselben zu lesen hat:

Li [es]carbundes art qu' hon i poet bien *veïr*.

Veïr ist eine picardische Form. Für den picardischen Dialect spricht ferner, dass wir im Texte des Charlemagne sehr häufig c statt ch vor folgendem a bemerken, und dass' ausserdem einige Male w statt des französischen gu sich vorfindet (Willemes 62. 326. 507. 739 und ewe 103. 156. 555. 766. 773. 775. 790.) Ebenso findet sich mehrmals oi statt des normannischen ei: moi v. 71. 630. 643 und soit v. 322. Doch lassen sich alle diese Erscheinungen erklären, ohne dass man gezwungen ist, an ursprünglich picardische Abfassung unseres Gedichtes zu denken. Die Form veïr ist auch im normannischen Dialect nichts Unerhörtes, wie uns die Verse 9720 f. des Rom. de Rou ersehen lassen:

Plusors les poeient oïr
Mais nus d'els nes poe[i]jt veïr

Die Schreibung e für ch vor folgendem a ist allen älteren normannischen Texten eigenthümlich (cf. Joret: Du C dans les langues rom. p. 217 ff.), Willemes und ewe sind in normannischen Texten sehr häufig begegnende Formen, und der Gebrauch des oi für ei ist bei den anglo-normannischen Schreibern des 13. Jahrhunderts ungemein verbreitet. Da sich ausserdem in Denkmälern des picardischen Dialectes eine Mischung von ié und é im Reime nicht findet, darf man mit Recht die ursprüngliche Abfassung des Charlemagne in die Normandie verlegen.

Die vorangehenden Untersuchungen haben ergeben, dass unser Gedicht dem Ende des 11. Jahrhunderts angehören muss, und zwar der Zeit, wo der Einfluss der Kreuzzüge und der ihnen vorangehenden Gährungen sich noch nicht geltend machte; sodann, dass es ursprünglich wahrscheinlich im normannischen Dialecte abgefasst worden ist, vielleicht von einem Dichter, der gleich Wace, Benoit und Marie de France seinen Aufenthalt theils auf dem Festland, theils in England gehabt hat. Darauf weisen die Sprache und der Fundort des einzigen erhaltenen Manuscripts hin. Befremdlich ist bei diesen Ergebnissen der komische Character unseres Epos. Dasselbe hat offenbar eine satyrische Tendenz und es scheint bei seiner burlesken Fassung ganz unverkennbar, dass es auf eine Verspottung der Volksdichtung abgesehen ist. Man kann sich den Ton und die Haltung des Gedichtes nur dadurch erklären, dass man annimmt, sein Verfasser gehöre nicht dem Kreise der Jongleurs an, sondern sei ein Cleriker gewesen. Diese Annahme kann freilich durch keine andern Momente, als durch den Widerstreit des Tones in ihm selbst erwiesen werden. Citate, gelehrte Anspielungen oder dergleichen sind ihm fremd. Der Jongleurdichtung kann es schon deshalb nicht zugewiesen werden, weil diese gerade in der ersten Hälfte des 12. Jahrhunderts recht eigentlich in Blüthe kam, und es unbegreiflich wäre, wie sie zu einer solchen hätte je gelangen können, wenn unter ihren Pflegern selbst so früh bereits Gegner aufgetreten wären.

Berichtigung. Auf Seite 41 Zeile 1 muss es statt Endung eiz gänzlich heissen: ‚Endung eiz *allmählig*'.